DR. RER. NAT. JOHANNES F. COY

Das Anti-Krebs Kochbuch

VORWORT

KANN NAHRUNG WIRKLICH HEILEN?

Unserem Essen wurde schon viel nachgesagt. Unter anderem, dass es Spiegel der eigenen Persönlichkeit sei (»Der Mensch ist, was er isst.«) und dass es Leib und Seele zusammenhält. Essen ist nicht nur lebensnotwendig. Es bietet uns im Alltag Genussmomente, schenkt Wohlbefinden und Lebensqualität. Neueste Forschungen zeigen darüber hinaus, dass unser ganz normales Essen und Trinken einen entscheidenden Einfluss auf die Gesundheit und das gute Funktionieren unseres Immunsystems hat. Ja, sogar die Entstehung und das Wachstum einer der heute häufigsten Zivilisationskrankheiten – wir sprechen von Krebs – lässt sich positiv beeinflussen. Und da Vorbeugen immer besser ist als Heilen, können Sie mithilfe dieses Kochbuchs aktiv die Möglichkeiten ausschöpfen, sich gesund, dabei vollwertig und genussvoll zu ernähren.

Die meisten von uns wissen, was uns guttut und von welchen Lebensmitteln wir lieber die Finger lassen sollten, wenn es um unser Wohlbefinden geht. Trotzdem ist das im Alltag nicht immer so einfach. Da gibt es dann auch einmal etwas Fixes aus der Mikrowelle oder ein praktisches Fertiggericht. Zwei Faktoren spielen eine Rolle dabei, wenn wir lieber ins Kühlregal oder die Tiefkühltruhe greifen als zu frischen Zutaten, die es noch in der Küche zu schnibbeln und zuzubereiten gilt: Zeitmangel und – eine unermessliche Vielfalt an naturbelassenen wie bereits zubereiteten Gerichten aus der Packung. Das Richtige zu essen scheint eine überaus komplizierte Wissenschaft zu sein. Dabei geht eine gesunde Küche im Grunde ganz einfach: Als gesichert gilt, dass bestimmte lebensnotwendige Nährstoffe in unserem Essen stecken müssen, um unser Wohlbefinden zu gewährleisten. So häufig wie möglich sollten Sie auf die Versorgung mit bestimmten Eiweißbausteinen, Fettsäuren, Vitaminen und Mineralstoffen achten. Darüber hinaus gibt es einzelne Nahrungsbestandteile, die in einem gewissen Rahmen tatsächlich echte Heilkräfte entfalten können, indem sie Stoffwechselprozesse harmonisieren, die körpereigene Abwehr stärken und Negativspiralen auflösen – also Schäden in unseren Körperzellen und Organen verhindern oder ausbalancieren.

Die Auswahl der richtigen Zutaten ist dabei ebenso entscheidend wie die des richtigen Rezepts, das Lust auf Genuss macht und zügig umzusetzen ist. Dann heißt es nur noch, den Tisch liebevoll eindecken und mit Familie oder Freunden genießen.
Natürlich sollten Sie Ihrer Gesundheit zuliebe nicht nur auf eine gute Ernährungsweise achten. Ein gesunder Lebensstil ist das A & O in Sachen Fitness, Leistungsfähigkeit und einem starken Immunsystem. Dazu gehören auch eine gelassene Lebenseinstellung und ausreichend Bewegung an der frischen Luft. In meinem neuen Kochbuch zeige ich Ihnen, wie die richtige Nährstoffzusammenstellung in verschiedenen köstlichen Gerichten heilsam wirken kann und wie Sie mit gesunden und zugleich genussvollen Mahlzeiten die Schutzfunktionen Ihres Stoffwechsels anregen können. In diesem Zusammenhang zeige ich Ihnen auch, auf welche Nahrungsmittel Sie in Zukunft getrost verzichten können und welche Ihnen wirklich guttun. Lassen Sie sich inspirieren von meiner gesunden Genussküche!

Ihr Dr. Johannes Coy

müller
Saure
Sahne
Brändle
vita

Die Anti-Krebs-Ernährung

Der Einfluss der Ernährung

- Ernährung kann ein Heilmittel sein
- Das macht eine gesunde Ernährung aus
- So wirkt die Ernährung auf Krebszellen

GESUND ESSEN – EINE KUNST?

Eine ausgewogene Ernährung kann so viel Gutes tun! Umfragen zeigen, dass die meisten Deutschen eine gute Ernährungsweise als wichtiges Stück Lebensqualität betrachten. Tatsächlich bestimmt unsere Ernährung unsere Gesundheit in einem Ausmaß, das uns im Alltag gar nicht mehr so bewusst ist. Unter Termindruck fällt es darum nicht so leicht, die guten Vorsätze umzusetzen. Essen und Trinken werden zur Nebensache. Dabei sind es nicht nur die Nahrungsmittel und ihre einzelnen Bestandteile, die uns guttun können. Welche Stoffe in welcher Zusammensetzung unseren Körper erreichen, ist dabei genauso entscheidend wie die Art, wie wir essen. Insofern bedeutet gesund essen immer auch genussvoll essen.

In der Gesundheitsvorsorge wird der Lebensstil groß geschrieben. Die Weltgesundheitsorganisation (WHO) und die Welternährungsorganisation (FAO) veröffentlichen regelmäßig Studien, in denen belegt ist, dass die Entstehung von Zivilisationskrankheiten wie Herz- und Kreislaufbeschwerden, Typ-2-Diabetes sowie Krebs immer auf ein ganzes Bündel von Risikofaktoren zurückzuführen ist. Rauchen, übermäßiger Alkoholgenuss, Übergewicht, zu wenig körperliche Aktivität und eine unausgewogene Ernährung, die zu fettreich und zu zuckerreich ist, können das Immunsystem schwächen und zur Entstehung der genannten Krankheiten führen.
Das klingt bedrohlich, lässt sich aber auch ganz einfach ins Positive wenden: Denn kaum etwas haben wir so gut selbst in der Hand wie unseren Lebensstil.
Nun mag es Ihnen vielleicht schwerfallen, ab morgen in die Walkingschuhe zu schlüpfen und diszipliniert Ihre von Sportmedizinern empfohlenen täglichen 30 Minuten körperlicher Aktivität zu absolvieren. Damit stehen Sie jedoch nicht allein: Erwiesenermaßen fällt die Umstellung von einem passiven Lebensstil auf einen aktiven nicht ganz so einfach und gelingt am ehesten in einer Gruppe, mit Freunden oder Bekannten.
Was Ihnen dagegen mit Sicherheit ganz leicht gelingen wird, ist die Umstellung Ihrer Ernährung. Sie ist einer der wenigen Einflüsse auf unseren Körper, die wir völlig in der Hand haben. Und es benötigt ein Mindestmaß an Disziplin, höchstens etwas Konsequenz, um ab heute gesund zu essen.

SCHLARAFFENLAND MIT NEBENWIRKUNGEN

Einen Haken gibt es allerdings dabei: In früheren Generationen war es eines der Hauptprobleme, überhaupt regelmäßig etwas zu essen zu bekommen. Heute stellt sich für die meisten Menschen in Europa, Nordamerika und Australien eher das Problem, mit einer Überfülle an Nahrungs- und Lebensmitteln umzugehen und sich hier das Richtige herauszupicken. Während gesunde Menschen mit dem Lebensmittel-Überangebot ganz einfach dadurch zurecht kommen, dass sie ihren Einkauf und Speisezettel nach dem jahreszeitlichen Angebot richten und nach persönlichen Vorlieben einkaufen, haben es Menschen, die unter Gewichtsproblemen leiden, da etwas schwerer. Menschen, die an einer akuten oder chronischen Krankheit leiden, müssen jedoch besonders darauf achten, was sie essen und trinken: Denn die Ernährung kann durchaus eine heilsame Wirkung entfalten. So kann die richtige Zusammenstellung des Speiseplans den Stoffwechsel positiv beeinflussen, den Körper optimal versorgen und sein Immunsystem im Kampf gegen die Erkrankung stärken.

Wie eng der Zusammenhang zwischen Ernährung und Krankheit bzw. Gesundheit ist, wird stetig erforscht. In der Medizin ist Ernährung als das natürlichste Medikament der Welt schon seit Jahrtausenden bekannt.

INFO Schon der deutsche Arzt Christoph Wilhelm Hufeland (1762–1836), der das Buch »Makrobiotik oder die Kunst, das menschliche Leben zu verlängern« veröffentlichte, wies darauf hin, wie wichtig eine gesunde Ernährung für ein langes Leben sei. Dabei betonte er, dass es nicht nur auf die einzelnen Bestandteile der Nahrung ankomme, sondern auch auf die Tageszeiten, zu denen gegessen wird, und auf die Art und Weise des Essens und Trinkens.

DIE LÖSUNG: EINFACH GUT ESSEN

Wenn Sie sich ab heute gesund ernähren und damit aktiv etwas für Ihre Gesundheit tun wollen, gibt es einen ganz einfachen Weg: Erklären Sie den Einkauf Ihrer Lebensmittel, die Zubereitung Ihrer Mahlzeiten, Essen und Trinken zur Chefsache. Dabei ist eine gesunde Ernährungsweise gar nicht kompliziert und hat auch nichts mit Verzicht auf Leckerein zu tun. Ihre Grundzüge sind logisch und einleuchtend, die Rezepte dazu abwechslungsreich, kreativ und wohlschmeckend.
Auf den nächsten Seiten erfahren Sie, welche Art von Energie und welche Nährstoffe Sie und Ihre Familie brauchen, um gesund zu bleiben. Falls Sie an einer chronischen Krankheit leiden, dürfen Sie hier die Ratschläge erwarten, wie Sie sich mit wertvollen Aufbaustoffen versorgen. Auch nach einer Fastenkur oder einer Darmreinigung, wenn Sie auf der Suche nach dem Einstieg in eine bessere Ernährungsweise sind, bieten die nächsten Seiten jede Menge hilfreicher Informationen.

WICHTIG Wenn Sie an einer ernährungsbedingten Krankheit wie einer Nahrungsmittelunverträglichkeit, einer Allergie, einer Fettststoffwechselstörung oder Gicht leiden, sollten Sie mit dem Arzt darüber sprechen, welche Ernährung für Sie in Frage kommt.

Wie Sie das Beste für sich und Ihre Familie tun können, beginnt bereits bei Einkauf und Vorratshaltung und endet längst nicht bei der Zubereitung. Besonders wichtig ist es, wieder ein Gefühl für den Geschmack von frischen, vollwertigen und möglichst naturbelassenen Lebensmitteln zu entwickeln. Je besser die Qualität Ihrer Zutaten, desto köstlicher schmecken die daraus zubereiteten Gerichte und desto hochwertiger sind ihre gesunden Inhaltsstoffe. Wenn Sie Ihre Mahlzeiten dann noch genussvoll und im Kreis von Freunden und/oder Ihrer Familie zelebrieren, wird Essen zu einem ganzheitlich wirksamen Erlebnis, das den Alltag entschleunigt und bereichert. Denn es machen uns nicht nur bestimmte Lebensmittel und Zutaten gesund, sondern auch der Rahmen, in dem wir sie verzehren. Und dabei stärken Sie nicht nur Ihre Immunfunktionen, sondern tun auch viel für Ihr Wohlbefinden.

Verbote und Diktate finden Sie in diesem Anti-Krebs-Kochbuch nicht. Sie vertragen sich, wie Ernährungspsychologen wissen, mit Essen und Trinken nicht. Deshalb sind Ausreißer zur Pommesbude oder dem Würstchenstand ausdrücklich erlaubt. Wichtig ist allein, dass Sie sich so oft wie möglich mit ausreichend gesundheitswirksamen Nährstoffen versorgen und eine gesunde Ernährungsweise für immer in ihr Leben integrieren. Dies ist mit den Rezepten in diesem Buch ganz einfach: Sie sind nicht nur ausgesprochen lecker, sondern auch für Koch-Einsteiger und Menschen mit wenig Zeit ohne größeren Aufwand gut machbar.

HEILMITTEL ERNÄHRUNG

Essen und Trinken sind Vitalbedürfnisse: Die Grundfunktion von Ernährung besteht darin, die Energiezufuhr und damit den Stoffwechsel aufrecht zu erhalten. Ihr Körper benötigt in jeder Sekunde Substanzen, die Sie ihm von außen zuführen müssen. Das betrifft nicht nur Kinder und Jugendliche im Wachstum, sondern auch Erwachsene. Schließlich ist unser Körper ständig mit Auf- und Abbauprozessen beschäftigt. Stellen Sie sich Ihren Stoffwechsel wie einen Motor vor, der in jeder einzelnen Zelle vonstatten geht: Verbrauchte oder geschädigte Zellen werden durch neue ersetzt, indem sich die Zellen selbst reproduzieren. Je nachdem, um welchen Zelltyp es sich dabei handelt, geschieht dies häufiger oder seltener: Herzzellen erneuern sich nur in sehr geringem Maß, und auch Gehirn- und Nervenzellen wachsen – wenn überhaupt – nur extrem langsam nach. Leberzellen gelten dagegen z. B. als Turbo-Reproduzenten. Bis ins hohe Alter haben Sie sich aber in jedem Fall – und ohne größeres Zutun – viele Male runderneuert.

Damit der Zellstoffwechsel und das Leben überhaupt stattfinden kann, damit alle Organfunktionen in Ordnung sind, die Körpertemperatur konstant bleibt, jede Form von Leistung möglich ist und defekte Teile ersetzt werden, brauchen Sie bestimmte Stoffklassen in Ihrer Nahrung.
Das sind zum einen Energielieferanten mit Sonderfunktionen, weil sie dem Aufbau von Zell- und Körperstrukturen dienen, wie Eiweiß und Fett. Die Nährstoffgruppe der Kohlenhydrate liefert reine Energie für bestimmte Körperzellen, die zuckerabhängig sind. Dazu gehören die Nerven-, Netzhaut-, Keim- und Stammzellen. Gerade für die Nervenzellen im Gehirn, die sich kaum teilen können, ist es wichtig, dass sie so lange wie möglich intakt bleiben, um ein Leben lang durchzuhalten. Sie benötigen dazu ausreichende Mengen Glukose. Zu den nicht Energie liefernden Nährstoffen, die ebenfalls unabdingbar für einen reibungslos funktionierenden Stoffwechsel sind, gehören Wasser, Vitamine und Mineralstoffe. Auch diese Nährstoffe sind essenziell, da Sie sie nicht selbst herstellen können. Darüber hinaus geht man inzwischen davon aus, dass der Mensch auch bestimmte Inhaltsstoffe von Pflanzen (sekundäre Pflanzenstoffe) benötigt.

Hochwertige Eiweißquellen sind ein wichtiger Baustein in der Anti-Krebs-Ernährung.

BAUSTEINE FÜR EIN GESUNDES LEBEN

Es sind drei Nährstoffe, die uns mit Energie versorgen: Eiweiß (Proteine), Fette und Kohlenhydrate. Insbesondere Eiweiß und Fette versorgen uns mit lebensnotwendigen Nährstoffen. Kohlenhydrate hingegen liefern reine Energie in Form von Stärke und den verschiedenen Zuckern. Damit die Energiegewinnung stattfinden kann, brauchen wir auch Hilfs- und Mittlersubstanzen wie Vitamine, Mineralstoffe und Spurenelemente. Darüber hinaus braucht unser Körper auch Stoffe, durch die er abgebaute Zellsubstanzen wieder ersetzen kann. Um körpereigenes Eiweiß wie etwa Muskulatur aufzubauen, benötigt er bestimmte Eiweißbausteine (Aminosäuren). Zum Aufbau von Struktur- und Zellmembranen benötigt er bestimmte Fettsäuren. Für Aufbau und Erhalt von Knochen und Zähnen benötigt er Mineralstoffe.

Baustoff Eiweiß

Eiweiß aus pflanzlichen oder tierischen Quellen liefert u. a. lebensnotwendige (essenzielle) Eiweißbausteine (Aminosäuren). 20 Aminosäuren gibt es; mehr als die Hälfte davon sind lebensnotwendig, weil sie der Körper nicht selbst herstellen kann. Diese Aminosäuren sind unentbehrlich als Bau- und Reparaturstoff der Körperzellen und an zahlreichen Stoffwechselvorgängen beteiligt. Zudem sind sie Bestandteile von Hormonen, Enzymen und Antikörpern. Die nicht essenziellen Aminosäuren kann unser Körper bei Bedarf selbst herstellen.

Eiweiße sind nicht so energiereich wie etwa Fette. 1 Gramm Eiweiß schlägt gerade einmal mit 4 Kilokalorien zu Buche. Im Darm werden die mit der Nahrung aufgenommenen Eiweiße in ihre Bausteine zerlegt. Die daraus gewonnenen Aminosäuren werden als Baumaterial für Struktureiweiße verwendet, bei ausreichend hohem Eiweißanteil in der Nahrung dienen sie auch direkt als Energiequelle. Was die Energieversorgung anbelangt, bilden Eiweiße ein Sicherheitsreservoir. Erst wenn die Kohlenhydrate und Fette aus der Nahrung oder den Speichern verbraucht sind, macht sich der Körper an das gespeicherte Eiweiß.
Bei einer Mangelversorgung mit Eiweiß – das bedeutet einer Zufuhr von weniger als 0,4 bis 0,6 Gramm pro Kilogramm Körpergewicht und Tag – lassen die körperliche und geistige Leistungsfähigkeit nach. Das Immunsystem wird beeinträchtigt. Die Folge ist eine erhöhte Infektanfälligkeit. Auch Alterungsprozesse werden beschleunigt.

WICHTIG Bei einem Konsum von 1,5 bis 2 Gramm Eiweiß pro Kilogramm Körpergewicht und Tag ist eine sichere Versorgung des Körpers mit Eiweiß gewährleistet.

Das Eiweiß aus tierischen Lebensmitteln wie Fleisch, Fisch, Milch und Milchprodukten besitzt eine hohe biologische Wertigkeit. Diese Nahrungsmittel liefern die essenziellen Aminosäuren in einer günstigeren Zusammensetzung als die meisten pflanzlichen Eiweißbausteine. Eine Ausnahme sind Hanfsamen: Sie haben einen hohen Anteil an Eiweiß und essenziellen Aminosäuren.
Pflanzliche Eiweiße stecken vor allem in Kartoffeln, Getreide, Soja und Hülsenfrüchten, tierische Eiweiße in Eiern, Molkereiprodukten, Fleisch und Fisch. Den Bedarf an essenziellen Aminosäuren durch eine rein pflanzliche (vegane) Ernährung zu decken, setzt eine große Disziplin voraus. Sehr viel einfacher gelingt dies den sogenannten Ovo-Lakto-Vegetariern, die auch Eier und Milchprodukte in ihren Speiseplan integrieren.

Spezialisten im Stoffwechsel: Fette

Fette liefern dem Körper bereits in geringen Mengen viel Energie – 1 Gramm Fett entspricht 9 Kilokalorien. Kein Grund, Fett oder Öl deshalb aus Figurgründen vom Speiseplan zu verbannen. Ganz im Gegenteil: Bestimmte Fette oder Öle müssen in unserer Nahrung enthalten sein, denn sie erfüllen – ebenso wie die Eiweiße (s. Seite 11) – bestimmte Sonderfunktionen im Körper. So dienen Fette als Bauteile für Struktur- und Zellmembranen und liefern fettlösliche Vitamine (s. Seite 17f.). Für Ihre Gesundheit spielt deshalb nicht nur eine Rolle, wie viel Fett Sie zu sich nehmen, sondern auch, um welche Fette es sich dabei handelt. Aus der guten Küche sind qualitativ hochwertige Fette ohnedies nicht wegzudenken, schließlich handelt es sich bei Fett um einen wichtigen Geschmacksträger, der die Aromen der anderen verwendeten Zutaten erst richtig zur Geltung bringt.

INFO Fette spielen bei der Regulation des Blutzuckerspiegels eine bedeutende Rolle. Sobald Sie kohlenhydrathaltige Lebensmittel oder Mahlzeiten zusammen mit Fetten oder Ölen verzehren – beispielsweise Ciabatta mit Olivenöl oder Leberpastete bzw. Nudeln mit Käse überbacken –, steigt der Glukosewert im Blut deutlich langsamer an. Die Kohlenhydrate werden langsamer gespalten, da der Körper zugleich auch das Fett verdauen muss.

Alle Fette auf einen Blick

Nach ihrer Herkunft unterscheidet man Fette in pflanzliche oder tierische Fette. Chemisch gesehen setzen sich Fette aus Alkohol (Glycerin) und ein bis drei Fettsäuren zusammen. Letztere können unterschiedlich viele Doppelbindungen aufweisen:

Gesättigte Fettsäuren (keine Doppelbindungen): Sie finden sich genauso in tierischen Fetten, beispielsweise in Butter, wie auch in einigen pflanzlichen Fetten, etwa in Kokosfett. Gesättigte Fettsäuren sind wertvolle Energieträger, weisen keine instabilen Doppelbindungen auf und sind damit gut geschützt vor der Zerstörung durch andere Stoffe wie Sauerstoff.
Einfach ungesättigte Fettsäuren enthalten eine Doppelbindung. Zu dieser Fettsäuren-Gruppe gehört die Ölsäure, die in großen Mengen in Olivenöl enthalten ist.
Mehrfach ungesättigte Fettsäuren enthalten mehrere Doppelbindungen, sind relativ labil und damit äußerst reaktiv, was u. a. ihre Haltbarkeit einschränkt. Sie kommen in pflanzlichen Ölen, aber auch in tierischem Fett vor (z. B. in Schweine- und Gänseschmalz). Sie sind wichtige Bestandteile der Zellaußenhäute (Membranen). Jede Zelle in Ihrem Körper ist umgeben von einer Zellmembran. Sie dient der Kommunikation und dem Austausch von Substanzen zwischen dem Zellinneren und dem Raum außerhalb der Zelle.
Aus den mehrfach ungesättigten Fettsäuren werden außerdem im menschlichen Körper Gewebshormone hergestellt. Diese Hormone sind in minimalen Konzentrationen hoch aktiv und spielen eine wichtige Rolle bei der Regulation vieler Stoffwechselprozesse, so z. B. bei der Vermehrung von Zellen, bei Entzündungsreaktionen und bei der Blutgerinnung.

Bestimmte mehrfach ungesättigte Fettsäuren sind essenziell, also lebensnotwendig, und spielen eine wichtige Rolle im Hormonstoffwechsel, bei der Aufnahme von Vitaminen sowie für die Funktionsfähigkeit der Nerven. Zu den essenziellen ungesättigten Fettsäuren gehören die sogenannten Omega-3-Fettsäuren und Omega-6-Fettsäuren. Beide Arten von

Fettsäuren wirken im menschlichen Körper völlig unterschiedlich, obwohl sie in ihrer Struktur sehr ähnlich sind.

Wichtig: Omega-3-Fettsäuren

Der Gesundheitswert von Omega-3-Fettsäuren ist enorm. In der richtigen Dosis schützen sie Herz und Kreislauf, fördern die Gehirnentwicklung, stabilisieren die Psyche und verbessern die Fließeigenschaften des Blutes. Nicht zuletzt hemmen sie die Neubildung von Blutgefäßen und damit auch das Tumorwachstum. Pflanzenöle (z. B. Lein-, Soja-, Raps- oder Hanföl), grüne Blattsalate, Gemüse, Kräuter, Sprossen, Nüsse und Samen sind reich an pflanzlicher Omega-3-Fettsäure (Alpha-Linolensäure – ALA). Sie wird im Körper umgewandelt in Docosahexaensäure (DHA) sowie Eicosapentansäure (EPA), um hier wirksam zu werden. Fisch und Fleisch hingegen enthalten Omega-3-Fettsäuren bereits in der passenden Form. Bei Fischen sind insbesondere Lachs, Hering, Thunfisch, Makrele und andere fette Seefische empfehlenswert. Zu bevorzugen ist Fleisch von Tieren aus artgerechter Haltung sowie Wild. Fischölkapseln sind eine gute Alternative für alle, die keinen Fisch mögen oder die ihn nicht vertragen. Omega-3-Spitzenreiter unter den Nüssen und Samen sind Walnüsse, Mandeln, Leinsamen und Hanfnüsse (Hanfsamen).

INFO Das Fleisch alter Haustierrassen, die artgerecht gehalten und gefüttert werden, weist eine deutlich gesündere Fettzusammensetzung auf als das von modernen Haustierrassen, die nicht artgerecht aufgezogen werden. Nicht nur Gourmets setzen deshalb auf Fleisch vom Schwäbisch-Hällischen Landschwein, vom Mangalitzer Wollschwein, vom Hinterwälder- oder Simmentaler Rind. Erkundigen Sie sich bei Ihrem Metzger.

Lebensmittel mit Omega-3-Fettsäuren anzureichern ist nicht nötig, denn die Natur liefert sie in diesen Produkten frei Haus.

Unverzichtbar: Omega-6-Fettsäuren, aber oft zu viel

Obwohl die Omega-6-Fettsäuren lebensnotwendig sind, stellt das Übermaß an diesen mehrfach ungesättigten Fettsäuren in unserer Nahrung bei einem gleichzeitigen Mangel an Omega-3-Fettsäuren ein großes Problem dar. V. a. die Linolsäure, eine Omega-6-Fettsäure, die in Sonnenblumen-, Maiskeim- oder Distelöl, in Fleisch, Milch und Milchprodukten vorkommt, kann im Übermaß Schaden anrichten. Denn die Umwandlungsprodukte, die daraus im Körper entstehen, fördern Entzündungen. Kompliziert wird die Situation noch, da eine Sonderform von Omega-6-Fettsäuren, die essenzielle Gamma-Linolensäure (GLA) – im Gegensatz zu den anderen Omega-6-Fettsäuren – fast komplett in der Nahrung fehlt. Gamma-Linolensäure (aus Hanf-, Borretsch-, Nachtkerzen- oder Granatapfelkernöl) wirkt entzündlichen Prozessen im Körper entgegen. Das Verhältnis von Omega-6- zu Omega-3-Fettsäuren sollte 3:1 nicht überschreiten. Man geht davon aus, dass unsere Jäger- und Sammlervorfahren sogar ein Verhältnis von 1:1 in der Nahrung hatten. In Deutschland liegt der Quotient in der Regel bei 7:1. Krebspatienten weisen oftmals einen zu hohen Anteil an entzündungsfördernden Omega-6-Fettsäuren auf bei zu wenig Omega-3-Fettsäuren.

Lieber nicht: Industriell hergestellte Fette

Technologisch veränderte Fette, wie etwa Margarine, die aus künstlich gehärtetem Pflanzenöl besteht, sind oftmals reich an sogenannten Transfettsäuren. Auch Milch und Rinderfett können zwar in geringem Maß diese Form der ungesättigten Fettsäuren beinhalten. Im Gegensatz zu den in industriellen Prozessen entstehenden Transfettsäuren haben die durch Bakterien im Magen der Kühe, also »biologisch« hergestellten Transfettsäuren jedoch eine positive Wirkung. Industriell hergestellte Transfettsäuren wirken ungünstig auf die Blutfette und können das Immunsystem schädigen. In Dänemark gibt es deshalb gesetzlich vorgeschriebene Grenzwerte für Transfettsäuren in Lebensmitteln, in New York und Kalifornien wurde der Gehalt an Transfettsäuren in Nahrungsmitteln ebenfalls beschränkt.

Zweischneidig: Kohlenhydrate

Neben den Fetten gehören Kohlenhydrate (Zucker) zu den Hauptenergielieferanten in der modernen Ernährung. Ihr Energiegehalt liegt bei ca. 4 Kilokalorien pro Gramm. Was unsere Ernährung anbelangt, sind Kohlenhydrate eine äußerst zweischneidige Angelegenheit. Zum einen nehmen die meisten Menschen Tag für Tag nicht nur mehr davon auf, als sie tatsächlich benötigen bzw. durch normale Alltagsaktivitäten und Sport verbrennen können. Zum anderen handelt es sich dabei häufig um Zuckerarten, die auf lange Sicht gesehen ungünstig auf den Zellstoffwechsel wirken und krank machen können.

Süß, süßer, am süßesten ...

Der Mensch hat im Lauf der Evolution eine große Vorliebe für Süßes entwickelt. Das liegt ganz einfach daran, dass Nahrungsmittel mit süßem Geschmack wie etwa Beeren, Knollen, süße Wurzeln oder Honig in grauer Vorzeit ohne Angst vor Vergiftung – wie etwa bei bitter schmeckenden Lebensmitteln – verzehrt werden konnten. Süß war gewissermaßen der Inbegriff von Unbedenklichkeit.

War allerdings in grauer Vorzeit das Angebot an süßer Nahrung begrenzt durch die Jahreszeiten, so werden wir heute mit Süßem und versteckten Zuckern geradezu überfüttert.

Eine Form von Zucker, die nicht süß schmeckt ist sogar noch gefährlicher als andere: Stärke stellt für viele Menschen die Hauptquelle der Zuckerzufuhr dar und zieht fatale Folgen für die Gesundheit nach sich.

... und wie Zucker auf Dauer schadet

Damit Ihre Muskelzellen die Energie aus Ihren täglichen Mahlzeiten verbrennen können, setzt die Bauchspeicheldrüse das Hormon Insulin frei. Sobald Zucker (Glukose) aus der Nahrung im Blut kursiert, öffnet das Hormon die Zellen und sorgt für den Transport von Zucker, Eiweiß und Fett ins Zellinnere. Hier werden die Nährstoffe verbrannt oder wieder als Baustoff verwendet. Je mehr Kohlenhydrate nun in Ihrer Nahrung stecken, desto mehr Insulin wird freigesetzt. Das hat zur Folge, dass Ihr Blutzuckerspiegel rasch sinkt, es damit aber auch schnell zu einer Unterzuckerung und zu Heißhunger kommt – Heißhunger auf Süßes. Wird diese Spirale nicht unterbrochen – beispielsweise durch eine Umstellung der Ernährung mit anderen und weniger zucker- und stärkereichen Lebensmitteln – schützen sich die Zellen, indem sie unempfindlich gegen Insulin werden. Dann können aber auch keine Nährstoffe zur Verbrennung mehr eingeschleust werden. Insbesondere Krebszellen profitieren davon, dass die gesunden Zellen aufgrund der Insulinresistenz keine Glukose mehr aus dem Blut aufnehmen können und beziehen nun ihrerseits den für ihr Wachstum nötigen Zucker, wodurch sie sich ungehindert vermehren können.

INFO Neuere Studien zeigen, dass insbesondere stärkereiche Lebensmittel, nach deren Verzehr der Blutzuckerspiegel in die Höhe schnellt (z. B. Brot, Gebäck, Nudeln, Kartoffeln, Zucker), einen erheblichen Einfluss auf die Entstehung und das Wachstum von Krebszellen haben.

Alle Zucker auf einen Blick

Unterteilt wird die Gruppe der Kohlenhydrate nach der Anzahl ihrer Zuckerbausteine.
Einfachzucker (Monosaccharide): Sie bestehen aus einem Zuckermolekül und bilden die Bausteine für Zwei- und Mehrfachzucker. Die drei wichtigsten Einfachzucker sind Traubenzucker (Glukose), Fruchtzucker (Fruktose) sowie Schleimzucker (Galaktose). Im Gegensatz zu Glukose lassen Fruktose und Galaktose den Blutzuckerspiegel nicht ansteigen.
Zweifachzucker (Disaccharide): Sie bestehen aus zwei Zuckermolekülen. Zu ihnen gehören:
- Milchzucker (Laktose = Glukose + Galaktose). Er ist für viele Menschen schwer verträglich.
- Malzzucker (Maltose = Glukose + Glukose), z. B. in Bier, lässt den Blutzucker rasch steigen.
- Rohr- oder Rübenzucker (Saccharose = Glukose + Fruktose). Er wird v. a. als Kristallzucker verwendet und lässt den Blutzuckerspiegel ebenfalls rasch ansteigen.

Einfach- und Zweifachzucker stecken u. a. in Süßigkeiten, Schokolade, Gebäck, Limonade, Marmelade und Honig, aber auch in Konserven, Fleisch-/Fisch-Marinaden, Würzsaucen.
- Isomaltulose (= Glukose + Fruktose) kommt in geringen Mengen in Honig und Zuckerrohrextrakt vor und kann auch aus Rohrzucker hergestellt werden. Sie hat im Gegensatz zu ihren Verwandten viele wertvolle Eigenschaften, denn die beiden Zuckermoleküle können nicht so einfach gespalten werden. Deshalb steigt der Blutzuckerspiegel nach dem Verzehr von Isomaltulose nur langsam, das sorgt für ein lang anhaltendes Sättigungsgefühl und regt die Fettverbrennung an. Zudem schont Isomaltulose die Zähne, da die Bakterien im Mund diesen Zucker nicht abbauen können.

Oligosaccharide: Sie bestehen aus drei bis neun Einfachzuckern und kommen v. a. in Hülsenfrüchten wie Erbsen und Bohnen vor.

Vielfachzucker (Polysaccharide): Sie bestehen aus mindestens zehn Einfachzuckermolekülen. Zu ihnen gehören:

- Stärke (aus Glukosemolekülen) kommt in pflanzlichen Lebensmitteln wie Weizen und anderem Getreide, in Kartoffeln, Mais und Knollengemüse vor.
- Inulin (aus Fruktosemolekülen) ist in Topinambur, Artischocken, Schwarzwurzeln und Pastinaken enthalten. Inulin kann nicht verdaut werden, gelangt also nicht ins Blut und wird stattdessen im Darm durch Bakterien in wertvolle Fettsäuren umgebaut.

Wenn Obst zur Zuckerfalle wird

Frisches Obst ist lecker, vitalstoffreich und gesund und sollte auf keinem Speiseplan fehlen. Wenn Sie in den Genuss der gesunden sekundären Pflanzenstoffe, der Vitamine und Ballaststoffe einer Frucht kommen möchten, ohne gleichzeitig zu viel Zucker aufzunehmen, achten Sie am besten auf die Obstsorte. Moderne Speiseäpfel beispielsweise enthalten wesentlich mehr Zucker als ältere Sorten, die heute noch auf Streuwiesen kultiviert werden. Auch Weintrauben enthalten besonders viel Traubenzucker und lassen daher den Blutzuckerspiegel stark steigen. Trockenfrüchte sind ebenfalls eine enorme Zuckerquelle. Empfehlenswert sind dagegen beispielsweise Acerola, alle Beerensorten, aber auch Honigmelone, Grapefruit oder Ananas.

Bevorzugen Sie in der Anti-Krebs-Ernährung Obstsorten mit niedrigem Zuckergehalt.

Ballaststoffe – wichtige Nahrungsbestandteile

Auch die sogenannten Ballaststoffe spielen für die Ernährung eine wichtige Rolle. Diese entfalten eine direkte und indirekte Wirkung auf die Verdauung und den Stoffwechsel des Menschen. Eine Vielzahl von wissenschaftlichen Untersuchungen zeigt, dass Ballaststoffe nicht nur (Nahrungs-)Ballast darstellen, der zwangsläufig aufgenommen und ausgeschieden wird. Da Ballaststoffe früher in der Nahrung ein ständiger Begleiter waren, sind Verdauung und Stoffwechsel auf ihre Zufuhr eingestellt und benötigen sie zur Gesunderhaltung. Eine wichtige Rolle nehmen Ballaststoffe bei Verdauung und Transport von Nahrungsbestandteilen im Darm und ihren Abtransport (Darmmotilität) ein. Darüber hinaus sind Ballaststoffe wichtig als Nährstoffe für unsere Darmflora. Die Darmbakterien nutzen bestimmte Ballaststoffe, um daraus Energie herzustellen. Dabei entstehen unter anderem Milchsäure und Buttersäure, die den Darm und damit auch unser Immunsystem schützen.

INFO Achten Sie möglichst darauf, dass Sie pro Tag höchstens 1 Gramm Kohlenhydrate pro Kilogramm Körpergewicht zu sich nehmen. Bei einem Gewicht von 70 Kilogramm bedeutet das pro Tag 70 Gramm Kohlenhydrate (Zucker und Stärke). Mit den Gerichten in diesem Buch können Sie auf einfache und schmackhafte Weise die Kohlenhydratzufuhr auf diese Menge begrenzen.

VITALSTOFFE MIT POWER

Neben den Energie liefernden Nährstoffen Eiweiß, Fett und Kohlenhydraten sind auch Vitamine und Mineralstoffe sowie Spurenelemente lebensnotwendig. Obwohl nur winzige Mengen benötigt werden, sind sie unentbehrliche Helfer für bestimmte Stoffwechselprozesse in den Zellen sowie für Wachstum, Regeneration oder auch die Energiefreisetzung.

Vitamine auf einen Blick

Manche Vitamine sind nur in Fett löslich. Der Körper kann sie damit auch nur dann aufnehmen, wenn sie in Fett »schwimmen«. Fettlösliche Vitamine können – im Gegensatz zu den wasserlöslichen Vitaminen – vom Körper gespeichert werden.

- **Vitamin A (fettlöslich):** Dieses Vitamin bzw. seine Vorstufe Beta-Carotin benötigen wir als Bestandteil des Farbstoffes der Netzhaut für den Sehvorgang sowie für den Aufbau und den Erhalt der äußeren Hautschicht sowie des Schleimhautgewebes. Es steckt in Leber(-tran), Butter, Käse, Milch, Aal, Thunfisch, gelbem, orangem und rotem Obst (Pfirsich, Aprikose, Melone, Papaya), roten Paprikaschoten (und Peperoni), Grünkohl, Möhren, Feldsalat, Rosenkohl und anderen Kohlsorten, Brokkoli, Spinat, Kürbis, Chicorée, Sojabohnen und -sprossen, Mangold, Sellerie.
- **Vitamin D (fettlöslich):** Ein ausreichend hoher Spiegel an diesem Vitamin ist wichtig für den Schutz vor Krebs. Vitamin D kann der Körper nur durch ausreichend Sonnenlicht bilden. Es ist wichtig für Immunsystem, Muskulatur und Nerven sowie für Zähne und Knochen. Schließlich fördert es die Kalziumaufnahme und wirkt Osteoporose entgegen. Neue Erkenntnisse zeigen die Verwandtschaft von Vitamin D zu den Hormonen, da es im Zellstoffwechsel wie ein Schlüssel wirkt. Spaziergänge bei Sonnenschein mit entblößten Armen tragen dazu bei, dass der Körper durch die UV-Strahlung Vitamin D bilden kann. Achten Sie hierbei darauf, sich langsam an die im Jahresverlauf stärker werdende Sonnenstrahlung anzupassen. Und schützen Sie sich mit Creme entsprechend ihrem Hauttyp vor zu viel Sonne. Im Sommer kann man auch unter einem Baum im Schatten hautschonend seine Vitamin-D-Speicher auffüllen.
Eine weitere einfache und ungefährliche Möglichkeit der Vitamin-D-Versorgung besteht darin, Vitamin-D-Kapseln einzunehmen.
- **Vitamin E (fettlöslich)** ist der Überbegriff für zwei Gruppen von Vitamin-E-Formen: Tocotrienole und den Tocopherole.
Zur ersteren Form gehört das sogenannte Gamma-Tocotrienol, das seit einigen Jahren sehr intensiv erforscht wird, da es in unterschiedlichsten biologischen Prozessen eine enorm positive Wirkung aufweist. So konnte gezeigt werden, dass Gamma-Tocotrienol eine wesentlich stärkere antioxidative Wirkung aufweist als Tocopherol. Es verlangsamt den Alterungsprozess und wirkt lebensverlängernd, hemmt Entzündungen, beeinflusst die Blutfettwerte sehr positiv, steigert die Haardichte und weist insbesondere eine starke Antikrebswirkung auf. Tocotrienole sind unter anderem in Palmöl, Reiskleie, Gerste, Weizen, Roggen und Hafer enthalten.
Grundsätzlich schützen alle Vitamin-E-Formen sehr empfindliche Zellstrukturen wie die Zellmembranen, aber auch andere Stoffe, wie etwa Vitamin A, vor der zerstörerischen Wirkung von Sauerstoff.
Natürliche Vitamin-E-Quellen, die allerdings kaum Tocotrienole enthalten, sind pflanzliche Öle und Fette (wie etwa Oliven-, Raps- oder Sojaöl), Nüsse und Mandeln, Spinat, Kohl, Kürbis oder Pastinaken.

Im Gegensatz zu dem synthetisch preiswert herstellbaren Tocopherolen sind die Tocotrienole synthetisch nicht herstellbar.

- **Vitamin K (fettlöslich)** ist für die Blutgerinnung erforderlich. Das fettlösliche Vitamin steckt in Geflügel, Kalbsleber, Butter, Quark, Sauerkraut, Rosenkohl, Spinat, Blumen- und Grünkohl, Brokkoli, Hagebutten, Kartoffeln, Sellerie, Portulak, Kohlrabi.
- **Vitamine der B-Gruppe (wasserlöslich)** sind für viele Stoffwechselreaktionen nötig.

Vitamin B_1 bzw. Thiamin spielt im Zucker- und Fettstoffwechsel eine wesentliche Rolle. Vitamin B_1 kommt in Fleisch, Erbsen, Schwarzwurzeln, Rosenkohl, Sonnenblumenkernen, Roten Beten, Kürbis, Lauch, Kartoffeln, Topinambur, Birnen vor.

Vitamin B_2 spielt in vielen Bereichen des Stoffwechsels eine wichtige Rolle (aus: Milch, Molke, Käse, Leber, Eiern, Vollkorn, Leinsamen, Sprossen, Grün- und Rosenkohl, Roten Beten, Kürbis, Birnen).

Niacin (Vitamin B_3) wird benötigt für die Gehirnfunktionen sowie die Energiegewinnung (aus: Fleisch, Leber, Fisch wie Sardinen, Makrele und Heilbutt, Rettich(-sprossen), Grünkohl, Topinambur, Erdnüssen).

Vitamin B_6 spielt im Stoffwechsel der Aminosäuren eine Rolle (aus: Sojabohnen, Hirse, Fischen wie Lachs, Sardinen und Makrele, Walnüssen, Linsen, Grün- und Rosenkohl, Roten Beten, Zwiebeln, Sellerie, Pastinaken, Kürbis, Äpfeln).

Folsäure ist nötig für Wachstum und Zellteilung (aus: Bierhefe, Weizenkeimen, Leber, Eiern, Nüssen, Endivie, Fenchel, grünem Gemüse wie Spinat und Brokkoli, Erbsen, Spargel, Tomaten, Erdbeeren, Mandarinen, Orangen, Sauerkirschen).

Pantothensäure braucht der Körper für Entgiftungsprozesse und für die Bildung von Hormonen (aus: Innereien, Vollkornprodukten, Eiern, Nüssen, Avocado, Preiselbeeren, Blumenkohl, Brokkoli und Bierhefe).

Biotin und Vitamin B_{12} sind an verschiedenen Stoffwechselreaktionen beteiligt (aus: Fleisch, Fisch, Alfalfasprossen).

- **Vitamin C (wasserlöslich)** benötigen wir für die Bildung und Funktionserhaltung der Binde- und Stützgewebe. Es regt die Immunabwehr an (aus: Brokkoli, Fenchel, Paprika, Grünkohl, Hagebutten, Sanddornbeeren, schwarzen Johannisbeeren)

WICHTIG Die Einnahme von Vitamin- und Mineralstoffpräparaten sollten Sie mit Ihrem Arzt absprechen. Bei manchen Vitaminen kann eine zu hohe Dosis gesundheitlich riskant sein. Studien belegen die geringe Wirksamkeit von Vitamin- und Mineralstoffpräparaten, denn der Körper nimmt diese wichtigen Vitalstoffe viel besser aus der Nahrung auf.

Mineralstoffe und Spurenelemente auf einen Blick

Mineralstoffe sind anorganische Substanzen, die Sie zwar nur in geringen bis winzigen Mengen benötigen, aber unentbehrlich für eine ganze Reihe von biochemischen Reaktionen sind. Die Erregbarkeit von Muskeln und Nerven, Blutbildung und Sauerstofftransport, der Aufbau von Knochen und Zähnen und die Steuerung des Wasserhaushalts hängen von einer ausreichenden Mineralstoffversorgung ab. Da Mineralstoffe durch Schwitzen und Urin ausgeschieden werden, müssen sie ständig ersetzt werden.

- **Chlorid** ist bedeutsam für die Regulierung des Wasserhaushalts sowie des Säure-Basen-Haushalts (aus: Koch- und Meersalz).
- **Natrium** (aus: Kochsalz) ist zusammen mit **Kalium** (aus: Bananen, Aprikosen, Pflaumen,

Milchprodukten, Fleisch, Fisch) an der Aufrechterhaltung der Druckverhältnisse der Körperflüssigkeiten beteiligt.

- **Kalzium** ist wichtig für die Bildung von Knochen- und Zahnsubstanz sowie für die Erregbarkeit von Muskeln und Nerven.
99 Prozent des Kalziumbestands stecken in unseren Knochen (aus: Milchprodukten, Käse wie Brie, Edamer, Gouda, Parmesan und Ziegenweichkäse, Brokkoli, Grünkohl, Spinat, härterem Trinkwasser).
- **Phosphor** ist Bestandteil des Skeletts, außerdem wichtig für die Energiegewinnung und -umwandlung (aus: Käse, Milch, Fleisch).
- **Magnesium** ist Bestandteil von Knochen und Zähnen und aktiviert verschiedene Stoffwechselreaktionen bzw. Enzyme. Es ist auch bedeutsam für die Muskel- und Nervenreizbarkeit (aus: Gerste, Grünkern, Hirse, Kakao, Kürbiskernen, Leinsamen, Mohn, Sesam, Sojabohnen).
- **Eisen** ist am Transport von Sauerstoff im Blut beteiligt und ein wichtiger Baustoff des roten Blutfarbstoffs Hämoglobin (aus: Fenchel, Hirse, Kalbsleber, Kalbsnieren, Linsen, Mangold, Pfifferlingen, Schwarzwurzeln, Schweinefilet, Spinat, Sojabohnen).
- **Jod** wird für die Bildung und Aktivierung der Vorstufen des Schilddrüsenhormons Thyroxin benötigt (aus: jodiertem Speisesalz, Algen, Fisch, Meeresprodukten).
- **Fluor** stabilisiert Knochen und Zähne. Doch Vorsicht: Fluor wird nur in winzigsten Mengen

Das meiste Kalzium liefern in unserer Ernährung Milchprodukte, aber auch Brokkoli ist kalziumreich.

benötigt. Zu viel davon hemmt den Zuckerabbau und fördert Vergärungsprozesse. Verwenden Sie daher kein Kochsalz, dem Fluorid zugesetzt wurde. Spülen Sie den Mund nach dem Putzen mit fluoridhaltiger Zahnpaste gut aus oder verwenden Sie auch fluoridfreie Zahncreme (aus: schwarzem Tee, Mineralwasser, Innereien und Fisch).

- **Mangan** aktiviert viele Stoffwechselreaktionen (aus: Bananen, Nüssen, schwarzem Tee).
- **Kupfer** wird im Bindegewebsstoffwechsel sowie zum Transport von Eisen benötigt (aus: Obst, Pilzen).
- **Selen** wirkt schützend, da es die Aktivität der Immunzellen anregt. Aufgrund der hochindustrialisierten Landwirtschaft herrscht in Europa ein weitreichender Selenmangel, weshalb neben dem häufigem Verzehr selenhaltiger Nahrungsmittel (Fisch, Fleisch, Milch, Nüsse, Eier, Leber; besonders reich an Selen: Kokosmehl) oft eine Substitution in Tablettenform erforderlich ist.
- **Zink** stärkt die Zellmembranen, ist Bestandteil von Enzymen und Eiweißen, die die Genaktivität steuern, und wichtig im Zucker-, Fett- und Eiweißstoffwechsel. Auch Immunsystem und Hormonkreislauf sind auf Zink angewiesen. (aus: Austern, Garnelen, Gerste, Gouda, Edamer, Hummer, grünes Blattgemüse, Kohl, Mandeln, Innereien, Kalbfleisch, Rindfleisch, Lammfleisch, Schweinefleisch)

Bioaktive Pflanzenstoffe

Neben Vitaminen und Mineralstoffen stecken in frischem, unbehandeltem Obst und Gemüse auch reichlich sekundäre Pflanzenstoffe. Sie dienen den Pflanzen als Schutzstoffe und beeinflussen das Wachstum. Auch für den Menschen können diese bioaktiven Stoffe wichtige Schutzfunktionen ausüben, indem sie beispielsweise zellschädigende Verbindungen (freie Radikale) abfangen, das Immunsystem stärken, krebsauslösende Substanzen neutralisieren, Krebszellen am Wachsen hindern und das Selbstmordprogramm in Krebszellen auslösen können.

Bioaktive Pflanzenstoffe werden nach ihrer Struktur in zehn verschiedene Gruppen eingeteilt. Die bedeutendsten unter ihnen sind:

- **Carotinoide:** Bei ihnen handelt es sich um Farbstoffe in rot- oder gelbfarbigem Gemüse oder Obst. Das bekannteste unter ihnen ist das Beta-Carotin, dem eine vorbeugende Wirkung auf Lungenkrebs zugeschrieben wird. Das liegt daran, dass Carotinoide als Radikalfänger dienen. Beta-Carotin steckt in Möhren, roten Paprika, Kürbissen, Aprikosen und Tomaten. Aber auch grüne Gemüsesorten wie Grünkohl, Wirsing, Spinat und Feldsalat, bei denen das grüne Chlorophyll die orangerote Farbe überdeckt, sind gute Beta-Carotin-Quellen.
- **Flavonoide** sind eine Gruppe wasserlöslicher Pflanzenfarbstoffe; sie stecken in fast allen Obst- und Gemüsearten. Typisch für flavonoidreiche Pflanzen ist ihre kräftig rote Farbe, wie bei Roten Beten, Rotkohl, Auberginen, Kirschen und Trauben. Viele Flavonoide haben hemmende Wirkung auf Krebszellen oder lösen sogar deren Absterben (Apoptose) aus.
- **Sulfide** sind schwefelhaltige Verbindungen und unter anderem verantwortlich für den scharfen Geschmack von Knoblauch, Zwiebeln, Lauch und Schnittlauch. Sie regen den Stoffwechsel an und können vor Magen- und Dickdarmkrebs schützen.
- **Glucosinolate** wirken entgiftend und stecken in hohen Konzentrationen in allen Kohlarten, in Kresse, Radieschen und Rettich.
- **Sulphoraphan** kann offenbar das Wachstum bestimmter besonders gefährlicher Krebszellen hemmen (sogenannte Tumorstammzellen), die resistent sind gegen Chemo- und Strahlen-

therapie. Es steckt in Pflanzen aus der Familie der Kreuzblütler wie Kohl, Senf, Kresse, Meerrettich oder Raps(-öl).

Die besten Helfer zur Krebsprävention

- **Resveratrol** gehört zu den Flavonoiden und wird von Pflanzen bei Stress und zur Krankheitsabwehr gebildet. Beim Menschen unterstützt der Pflanzenstoff, der unter anderem in Weintrauben steckt, das Herz-Kreislauf-System, das Immunsystem, den Fettstoffwechsel und erleichtert das Absterben von Krebszellen. Im Tierexperiment konnte man die lebensverlängernde Wirkung von Resveratrol nachweisen. Vermutlich bildet es einen weit größeren antioxidativen Schutz als etwa Vitamin C oder Vitamin E in der Tocopherol-Form.
- **Quercetin** ist ein Polyphenol und ein pflanzliches Hormon, das viele Aufgaben in unserem Stoffwechsel erfüllt. U. a. wirkt es antioxidativ und beugt allergischen und entzündlichen Prozessen vor. Zudem wirkt es nachweislich auf den Stoffwechsel von Krebszellen, indem es hier die Fettverbrennung anregt und die Vergärung hemmt. Quercetin steckt reichlich in Zwiebeln und Schnittlauch, frischen Preiselbeeren und Schwarzen Johannisbeeren, Äpfeln sowie in grünem und schwarzem Tee.
- **Salvestrole** gehören zu den Phytoalexinen. Diese Stoffe bildet eine Pflanze, um sich vor Schimmelpilzen, Viren, Bakterien, UV-Licht und Insekten zu schützen. Beim Menschen wirken Salvestrole krebshemmend: Bösartige Tumorzellen sterben ab, während gesunde Zellen nicht beeinflusst werden. Salvestrole schmecken oft bitter oder scharf. Am ehesten treten sie noch in biologisch angebautem Gemüse, Früchten und Gewürzkräutern auf sowie in alten Sorten, in denen die natürlichen Bitterstoffe noch nicht weggezüchtet wurden. Sie stecken in Blattgemüse, Artischocken, Spargel, Brunnenkresse, Rauke, allen Kohlsorten, Paprika, Avocado, Sojabohnensprossen, Wildmöhren, Sellerie, Salatgurke, Spinat, Kürbis, Zucchini, Aubergine; roten Früchten, Oliven, Johannisbeeren, Weintrauben, Äpfeln, Erdbeeren, Pflaumen, Feigen, Himbeeren, Mandarinen, Orangen, Maulbeeren, Birnen, Melonen, Ananas, Mango; Petersilie, Basilikum, Rosmarin, Thymian, Salbei, Minze, Löwenzahn, Hagebutte, Mariendistel, Weißdorn(beeren), Kamille, Zitronenverbene.

TIPP Alle Vitalstoffe sind für den Körper ideal verfügbar, wenn sie aus Lebensmitteln und nicht aus Präparaten bezogen werden. Achten Sie beim Einkauf auf frische, reife Ware, entweder von einem Gärtner Ihres Vertrauens, der auf Pflanzenschutzmittel verzichtet oder auf Bio-Obst und -Gemüse. Reifes Obst und Gemüse enthält im Gegensatz zu unreifen Früchten die größte Menge bioaktiver Substanzen. Behandelt man dagegen Pflanzen mit Pflanzenschutzmitteln, so bilden diese keine eigenen Schutzstoffe (Salvestrole, siehe links) vor Insekten und Pilzen. Bei vielen Obst- und Gemüsearten befinden sich zudem die bioaktiven Pflanzenstoffe in der Schale oder direkt darunter. Waschen Sie deshalb Äpfel, Birnen, Möhren oder Gurken vor dem Essen kurz und gründlich und schälen Sie sie nicht. Da Salvestrole hitzestabil sind, können Sie Gemüse auch dünsten, ohne diese wertvollen Stoffe zu zerstören. Aufgrund der Wasserlöslichkeit dieser wertvollen Inhaltsstoffe sollten Sie dazu nur wenig Wasser verwenden. Das Dünsten von Gemüse in Fett/Öl erhält die Salvestrole im Gemüse.
Viele sekundäre Pflanzenstoffe verlieren ihre gesundheitsfördernde Wirkung, wenn sie zu lange im Licht liegen. Verzehren Sie deshalb frisches Obst und Gemüse nach dem Kauf so rasch wie möglich.

SO FUNKTIONIERT UNSER ZELLSTOFFWECHSEL

Nachdem Sie nun erfahren haben, welche Nährstoffe für Ihr Wohlbefinden und die Erhaltung Ihrer Gesundheit unabdinglich sind, werfen wir jetzt einen Blick auf die Art und Weise, wie die zugeführte Energie in den Zellen freigesetzt wird. Auch sie spielt eine wesentliche Rolle für unsere Gesundheit.

WIE DURCH VERBRENNUNG ENERGIE ENTSTEHT

Der größte Teil der Energie im menschlichen Körper wird durch Verbrennung in den Kraftwerken der Zellen (Mitochondrien) freigesetzt. Dabei werden die Nahrungsbestandteile unter Beteiligung von Sauerstoff ab- und umgebaut. Der Nachteil dieser hocheffizienten Weise der Energiefreisetzung ist, dass gefährliche Nebenprodukte gebildet werden (Radikale), die die Zelle schädigen können.

Ganz wichtig: Bei der Verbrennung spielt es keine Rolle, ob die Energie in Form von Kohlenhydraten (Zucker oder Stärke), Fetten und Eiweiß zur Verfügung gestellt wird! Entscheidend ist nur, dass Sauerstoff für eine Verbrennung vorhanden ist. Dann werden die Nahrungsbestandteile mit maximaler Ausbeute in Energie umgewandelt.

WIE DURCH VERGÄRUNG ENERGIE ENTSTEHT

Eine andere Möglichkeit, um im Körper Energie freizusetzen, ist die Vergärung. Sie benötigt im Gegensatz zur Verbrennung keinen Sauerstoff. Vergärung findet z. B. bei einer zu starken Beanspruchung von Muskeln, bei der Sie gehörig aus der Puste kommen, statt. Die Folge ist dann ein unangenehmer Muskelkater.

Allerdings hat die Vergärung einen unschlagbaren Vorteil: Bei dieser Art der Energiefreisetzung werden keine gefährlichen Radikale gebildet. Am Vergärungsprozess ist im Gegensatz zur Verbrennung, bei der ja auch Fett und Eiweiß ins Spiel kommen können, immer nur Glukose beteiligt. Aus diesem Zucker wird als Endprodukt die sehr energiereiche Milchsäure gebildet. Sie wird über die Blutbahn in die Leber transportiert, dort zu Glukose umgebaut und so wieder ins Blut abgegeben.

Der Nachteil dieses Prozesses ist allerdings, dass Zellen, die vergären, sehr viel Glukose brauchen und damit den größten Teil der Energie aus Glukose nicht nutzen.

Genau wie die Energie, die bei der Verbrennung freigesetzt wird, wird die bei der Vergärung entstandene Energie auch kurzzeitig in Form von Adenosin-Tri-Phosphat (ATP) gespeichert. Mit seiner Hilfe ist jede Art von Muskelarbeit, aber auch die Neubildung von Zellstrukturen möglich. Bisher war die Wissenschaft davon überzeugt, dass die Vergärung nur ein »Notprogramm« der Zellen darstellt. Sie erlaubt es dem Körper, auch bei Sauerstoffmangel Energie zu gewinnen – wie es z. B. unter extrem hohen körperlichen Belastungen der Fall ist, wenn man aus der Puste gerät und nicht ausreichend Sauerstoff in die Muskeln transportiert wird. Wie auch die Verbrennung dient dieses Energiegewinnungsprogramm seit jeher einem einzigen Zweck: dem Überleben der menschlichen Art. Insbesondere in Notsituationen auf der Jagd oder im Kampf, denen unsere Vorfahren auf der Nahrungssuche oder auch bei der Verteidigung des Reviers oder der Sippe häufiger ausgesetzt waren, blieb oft nicht genügend Luft zum Atmen. Dies konnte der Körper dann insofern ausgleichen, indem er die zum Überleben notwendige Energie nicht mehr aus der Verbrennung, sondern aus Vergärung gewann. Die Muskeln konnten so weiter Höchstleistung erbringen.

Wenn Krebszellen vergären, wird's gefährlich

In jedem Zellkern Ihres Körpers befinden sich Gene in Form einer Kette. Man nennt sie auch DNA. Diese Kette ist der Bauplan Ihres Lebens. Jedes Körpermerkmal, die Haar- und Augenfarbe, die Körpergröße oder Beschaffenheit der Haut wird durch diese Information bestimmt. Diese Gene können Sie durch einen ausgewogenen Lebensstil schützen.

Spontane Veränderungen der Botschaften auf den Genen nennt man Mutationen. Diese werden in gewissem Maß durch Umwelteinflüsse verursacht. Die Entstehung von Tumorzellen ist Folge einer Mutation, die die Wachstumseigenschaften der Zellen verändert. Zunächst entstehen Tumorzellen, die sich teilen. Infolgedessen entsteht ein Tumor, der zunächst gutartig ist. Erlangt er jedoch die Fähigkeit, das umliegende gesunde Gewebe aufzulösen und dort hineinzuwachsen, so bezeichnet man dies als invasiv oder bösartig. Der entscheidende Schritt beim Übergang von gutartig zu bösartig ist das Abschalten der Verbrennung und das Anschalten der Vergärung, die in Krebszellen auch bei der Anwesenheit von Sauerstoff möglich ist. Verantwortlich dafür ist ein bestimmtes Gen: TKTL 1, entdeckt durch Dr. rer. nat. Johannes Coy.

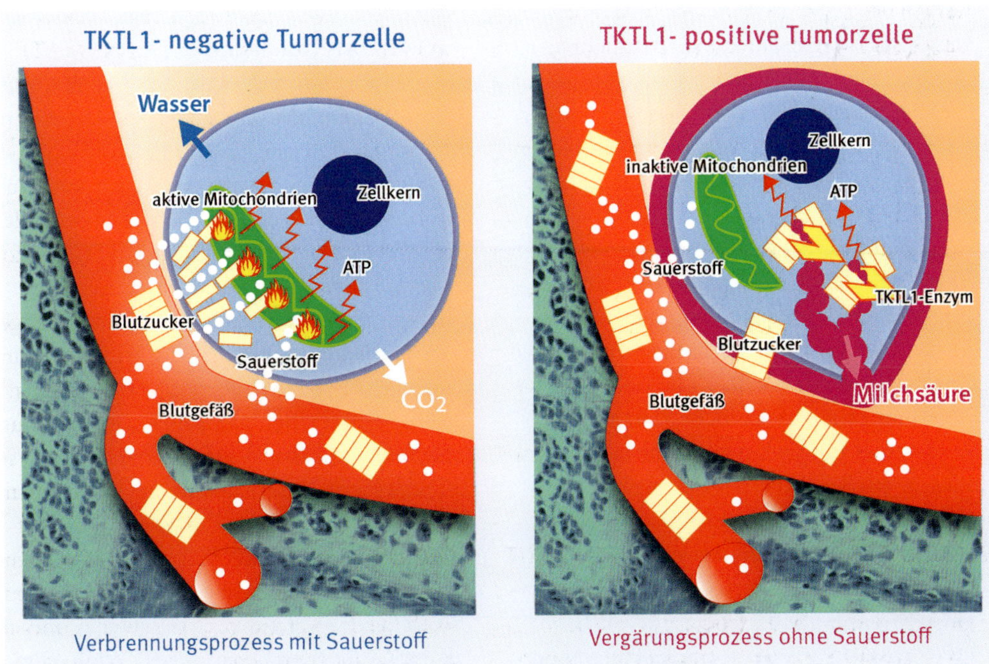

Unterschied der Energiegewinnung in einer Tumorzelle und einer Krebszelle

In gutartigen (TKTL1-negativen) Tumorzellen wird Zucker aus der Nahrung verbrannt. In TKTL1-positiven Tumorzellen (= Krebszellen) ist die Verbrennung abgeschaltet und die Vergärung über das TKTL1-Enzym angeschaltet. Dadurch stellt die Krebszelle aus Zucker Milchsäure her, die Angriffe des Immunsystems abwehrt und das umgebende Gewebe auflöst. So beginnen Krebszellen zu streuen. Mit dem Anschalten der Vergärung werden die Krebszellen zudem resistent gegenüber Strahlen- und Chemotherapien.

DIE ROLLE DES TKTL1-GENS BEI DER KREBSENTSTEHUNG

TKTL1 ist die Abkürzung für Transketolase-like-1. Es handelt sich dabei um ein Transketolase-ähnliches Gen bzw. Protein (Eiweiß). Transketolasen kommen in allen Lebewesen vor: Sie ermöglichen den Umbau von Zucker (Glukose).

Die bei der Vergärung gebildete Milchsäure versetzt einen Tumor in die Lage, das umgebende gesunde Gewebe zu zerstören und sich ungehindert auszubreiten. So wird aus einem lokal und verdrängend wachsenden Tumor ein invasiv und zerstörerisch wachsender Tumor. Die einmal entstandenen Krebszellen sind rasch in der Lage, sich über die Lymph- und Blutgefäße im ganzen Körper auszubreiten und Metastasen zu bilden. Gleichzeitig bauen die Krebszellen durch die Milchsäureproduktion einen Säureschutzmantel auf, der sie vor dem Angriff der Killerzellen des Immunsystems schützt.

Zuckerstopp zähmt Krebszellen

Das wichtigste Instrument, mit dem Sie diesem Prozess gegensteuern können, ist Ihre Ernährung: Indem Sie die Zuckermenge beim Essen und Trinken begrenzen, lässt sich der Stoffwechsel von Krebszellen steuern. Gleichzeitig helfen Sie so Ihren körpereigenen Abwehrkräften, Krebszellen zu bekämpfen, da letztere wieder empfindlich werden für den Angriff Ihrer körpereigenen Immunzellen – den sogenannten Killerzellen.

Die Wissenschaftler der Johns Hopkins Universität konnten auch zeigen, dass eine Hemmung des TKTL1-Gens die Vergärung von Zucker zu Milchsäure hemmt sowie die Vergärung von Zucker zu Milchsäure auch in Anwesenheit von Sauerstoff ermöglicht. Gleichzeitig führte die Hemmung des TKTL1-Gens zu einer Wachstumshemmung von Krebszellen und von Tumoren.

In weiteren internationalen Studien wurde gezeigt, dass die Hemmung der Vergärung Krebszellen auch wieder empfindlich für Strahlen- und Chemotherapien macht, schädlichen oxidativen Stress (Radikale) in Krebszellen auslöst und die Tumorausbreitung hemmt: Denn ohne Milchsäureproduktion ist eine Krebszelle nicht in derLage, das umgebende gesunde Gewebe zu zerstören! Die Hemmung der Vergärung führt also nicht zwangsläufig dazu, dass ein Tumor ausgelöscht wird, aber die Ausbreitung und Ansiedlung von Krebszellen lässt sich dadurch blockieren, und Krebszellen werden dadurch auch empfindlich für Strahlen- und Chemotherapien.

Warum trotz Zuckerstopp nie Zuckermangel herrscht

Natürlich benötigt unser Körper für bestimmte Zelltypen Zucker. Das ist jedoch noch lange kein Grund, vermehrt Zucker und Stärke zu sich zu nehmen. Unser Körper weiß sich diesbezüglich zu helfen. Schließlich standen unseren Urahnen in der Steinzeit jahreszeitlich bedingt Süßigkeiten, also Zuckerlieferanten, in Form von Früchten und Knollen eher selten zur Verfügung. Auch unfreiwillige Fastenzeiten ohne jegliche Nahrungszufuhr standen auf der Tagesordnung.

Der Clou: Die für die Vergärung notwendige Glukose kann nicht nur aus Zucker oder Stärke, sondern auch aus vielen Eiweißbausteinen (Aminosäuren)sowie aus dem Glyzerinanteil von Fetten und Ölen gebildet werden. Diese Neubildung von Glukose im menschlichen Körper bezeichnet man als Glukoneogenese. Sie sichert die ausreichende Versorgung mit Glukose für die notwendige Vergärung in Nerven-, Keim,-, Netzhaut- oder Stammzellen, auch wenn Sie sich komplett zucker- und kohlenhydratfrei ernähren. Entscheidend ist dann nur, dass Sie ausreichend Eiweiß zu sich nehmen (s. Seite 11) und so genügend Eiweißbausteine (Aminosäuren) zuführen. Da diese Art der Zuckerbildung langsam und kontinuierlich vonstatten geht, kommt es zu keinem riskanten Anstieg des Blutzuckerspiegels, wie z. B. nach dem Verzehr von Nudeln oder Brot.

Krankhafte Prozesse abmildern

Jede noch so aggressive Krebszelle lässt sich also durch Zuckerentzug zähmen. Krebszellen, die sich aufgrund von regelmäßiger Zuckerversorgung an Zucker gewöhnt haben, halten die Kraftwerke (Mitochondrien) in den Zellen nicht mehr in Schuss und bekommen dann größte Probleme, wenn die Zuckerzufuhr ausbleibt. Eine so verwöhnte Krebszelle stirbt dann sogar ab, weil sie ihre Mitochondrien nicht mehr anwerfen kann.
Die Mehrzahl der Krebszellen schafft es allerdings, den Zuckerentzug zu überleben. Aber hierfür muss sie die Mitochondrien aktivieren, um über Verbrennung Energie freisetzen zu können. Durch die Umschaltung von Vergärung auf Verbrennung wird die Krebszelle entschärft, da sie sich nicht mehr in gesundem Gewebe ausbreiten kann. »Junge« Krebszellen hingegen können durch einen begrenzten Zuckernachschub wieder dazu angeregt werden, auf die Energiegewinnung durch Verbrennung umzuschalten. So überleben sie zwar, können aber die Radikale nicht mehr unterdrücken und sterben durch eine Strahlentherapie ab. Mithilfe der aktiven Mitochondrien ist es dann auch wieder möglich, in entschärften Krebszellen den programmierten Zelltod (Apoptose) auszulösen, wodurch diese wieder empfindlich werden für Chemotherapien. Ältere Krebszellen, die über lange Zeit mit genügend Zucker genährt wurden, verlieren die Fähigkeit zur Verbrennung. Bei einem konsequenten Glukosemangel sterben sie deshalb sogar ab.
Wichtig: Bei einer Einschränkung von Zucker und Stärke ist die gleichzeitige Zufuhr von hochwertigem Eiweiß und wertvollen Pflanzenölen (essenziellen Fettsäuren) sowie von gesättigten Fetten von Bedeutung, um dem Körper genügend für die Verbrennung geeignete Energie zuzuführen. Gleichzeitig wird so die notwendige Vergärung in gesunden Zellen wie Nerven und Gehirn ermöglicht.
Ziel einer gesunden Ernährung ist es also nicht den Blutzuckerspiegel zu senken, sondern schnelle und hohe Blutzuckeranstiegen nach Mahlzeiten zu vermeiden. Dies kann man mit einer Reduktion von Zucker und Stärke erreichen, bei gleichzeitigem Erhöhen des Öl-, Fett- sowie des Eiweißanteils. Besonders wichtig ist auch eine ausreichende Versorgung mit sekundären Pflanzenstoffen und Ballaststoffen.
Durch Verwendung von Zuckersorten, die nur einen geringen oder gar keinen Blutzuckeranstieg zur Folge haben, und von kohlenhydratarmen Mehlen kann man sogar Torten und Kuchen backen, die Krebszellen nicht füttern.

INFO Jede Zelle kann normalerweise nur eine begrenzte Anzahl von Erneuerungen – also Verdoppelungen – durchführen. Eine Art Zählwerk registriert jede Zellverdoppelung. Nach Erreichen der vorprogrammierten Verdoppelungszahl kann sich die Zelle nicht mehr teilen. Eine Ausnahme stellen sogenannte Stammzellen dar. Diese können ständig neue Zellen bilden. Krebszellen sind genau wie Stammzellen in der Lage, sich immer wieder aufs Neue zu verdoppeln und können damit unkontrolliert wachsen. Mithilfe der richtigen Ernährung kann sogar das Wachstum bestimmter Krebszellen wieder unter Kontrolle gebracht werden.

DIE BESTEN LEBENSMITTEL FÜR IHRE GESUNDHEIT

Die Spitzenreiter unter den Lebensmitteln, die nachweislich das Immunsystem stärken und Krebszellen an ihrer Entstehung oder an weiterem Wachstum hindern können

... lösen bei ihrem Verzehr keinen hohen Blutzucker- und damit Insulinanstieg aus.
... sind reich an essenziellen Fettsäuren.
... sind reich an Vitaminen und/oder Mineralstoffen.
... sind reich an bioaktiven Pflanzenstoffen.
... haben einen hohen Anteil an essenziellen Aminosäuren.

Frische, naturbelassene Lebensmittel sind durch keine Nahrungsergänzungsmittel zu ersetzen!

BEEREN

Beim Obst sind Himbeeren, Brombeeren, Heidelbeeren, schwarze Johannisbeeren und auch Erdbeeren die absoluten Sieger in Sachen Gesundheitspower. Beeren sind reich an krebshemmenden Polyphenolen. Sie blockieren nicht nur die Ausbildung von Blutgefäßen sondern halten auch freie Radikale in Schach. Eine gute Alternative sind auch (ungesüßte) Tiefkühlbeeren. Ebenfalls empfehlenswert sind Wildfrüchte wie Sanddornbeeren oder Hagebutten, die reich an Vitamin C sind.

Genießen Sie im Sommer die Vielfalt frischer Beeren und weichen Sie im Winter am besten auf tiefgekühlte aus.

ZITRONE, ORANGE & CO

Zitrusfrüchte sind ausgezeichnete Vitamin-C-Lieferanten, v. a. wenn sie frisch und nicht gepresst als Saft verzehrt werden. Der typische Duft der Schalen kommt durch die in den Früchten enthaltenen Terpene zustande. Auch als Polyphenolquelle sind Orangen, Zitronen oder Limonen beachtlich. Zudem erhöhen die Inhaltsstoffe der Zitrusfrüchte die Aufnahme und Wirksamkeit anderer sekundärer Pflanzenstoffe oder auch von essenziellen Aminosäuren. Würzen Sie Salate, Fisch und Fleisch mit Zitronen- oder Limonensaft. Abgeriebene Schalen (Zesten) von nicht mit Pflanzenschutzmitteln behandelten Zitrusfrüchten in Desserts verfeinern durch ihr unverwechselbares Aroma und machen den Nachtisch noch ein Stück gesünder. Eine schmackhafte Alternative ist bittere Orangenmarmelade (auf den Zuckergehalt achten).

TOMATEN

Sonnenverwöhnte, reif geerntete Tomaten sind eine Köstlichkeit in der warmen Jahreszeit und zudem ein Nahrungsmittel mit enormem Potenzial. Verantwortlich für ihren guten Ruf in Sachen gesunder Ernährung ist der Inhaltsstoff Lycopin, der in dem aus Südamerika stammenden Nachtschattengewächs steckt. Lycopin gehört zu den Carotinoiden. Besonders reich an dem wertvollen Pflanzenschutzstoff sind übrigens Tomatenmark sowie konservierte Tomaten, da das Lycopin unter der

Einwirkung von Hitze seine volle Kraft entfalten kann. Wenn Sie Tomaten mit hochwertigem Pflanzenöl verzehren, erhöht sich die Verwertbarkeit des Lycopins noch.

ZWIEBELN UND KNOBLAUCH

Schon in der Antike galten die scharfen Knollen als Heilmittel. Ihre wertvollen Inhaltsstoffe bestehen aus Schwefelverbindungen, wie etwa das Alliin in Allicin, das für den typischen Geruch des Knoblauchs verantwortlich ist. Allicin wirkt krebshemmend und wird erst freigesetzt, wenn Sie den Knoblauch hacken bzw. pressen. Die Zugabe von Pflanzenöl erhöht die Bioverfügbarkeit des gesunden Pflanzenschutzstoffes noch. Allerdings wird das Allicin beim Erhitzen zerstört. Geben Sie deshalb Knoblauch erst zum Schluss an ein warmes Gericht und erhitzen Sie es dann nicht mehr. Zwiebeln enthalten neben Allicin auch noch Polyphenole wie Quercetin (s. Seite 21). Roh im Salat entfalten sie ihre Wirksamkeit am besten.

KOHL

Kaum eine Lebensmittelgruppe ist so vielfältig im Geschmack und im Aussehen. Verfeinert mit Gewürzen und Kräutern werden aus Kohl und seinen vielen Verwandten in der Küche feine Beilagen und Hauptgerichte. Alle Kohlsorten stecken randvoll mit Antikrebs-aktiven Wirkstoffen. Dazu gehören bestimmte Schwefelverbindungen (Glucosinolate). Sie schützen die Körperzellen von krebsauslösenden Substanzen und behindern die Entwicklung von Tumoren. Nicht zuletzt sind Brokkoli, Rosenkohl, Weißkohl & Co. reich an Vitamin C. Roh und geraspelt schmecken die großblättrigen Kohlsorten auch als Salat. Wichtig: Garen Sie Gemüse immer so schonend und kurz wie möglich, dass es noch bissfest ist. So werden Vitamine geschont und sekundäre Pflanzenstoffe bleiben erhalten. Ideal ist die Zubereitung im Schnellkochtopf oder mit wenig Wasser oder Gemüsebrühe in der Pfanne.

FÜR AKTIVE MITOCHONDRIEN: Q10

Damit die Verbrennung in den Kraftwerken der Körperzellen (Mitochondrien) ablaufen kann, ist ein ausreichend hoher Spiegel an Coenzym Q10 (Ubichinon) essenziell. Als Coenzyme werden Stoffe bezeichnet, die zusammen mit Enzymen biochemische Reaktionen im Körper beeinflussen). Sinkt der Q10-Spiegel in der Zelle, so kann das Vergärungsprozesse fördern. Q10 steckt in fettem Seefisch, Leber und Innereien, Eiern, Kohl (inklusive Rosenkohl und Brokkoli), in Zwiebeln und Spinat sowie in den meisten Nüssen und Pflanzenölen.
Achtung: Da die Medikamentenfamilie der Statine, die zur Senkung des Cholesterinspiegels eingesetzt wird, auch die Ubichinon-Bildung verhindert, müssen Sie bei Einnahme von Statinen auch Ubichinon einnehmen, um die Funktionsfähigkeit der Mitochondrien zu gewährleisten.

MILCHSAURE LEBENSMITTEL

Eine wichtiger Bestandteil in einer gesunden Ernährung sind Lebensmittel, die durch Milchsäurevergärung konserviert wurden. Dazu gehören Milchprodukte wie Buttermilch, Kefir, Quark, Joghurt und Käse (außer Mozzarella), aber auch Sauerkraut und sauer eingelegtes Gemüse. Sauerteigbrot gehört ebenfalls dazu, enthält aber relativ viel Stärke, weshalb Sie den Konsum anpassen sollten. Alle milchsauer vergorenen Lebensmittel enthalten kaum Zucker, da der ursprüngliche Zucker bereits in Milchsäure umgewandelt wurde. Die Milchsäure, die in diesen Zubereitungen steckt, kann von der Krebszelle zudem nicht genutzt werden. Denn schließlich kann Milchsäure nicht zweimal vergoren werden. Alle gesunden Zellen können die Milchsäure jedoch positiv nutzen. Der Grund: Durch die zusätzliche Zufuhr von Milchsäure über die Nahrung, wird der Körper entsäuert und der von den Krebszellen erzeugte Säureüberschuss ausgeglichen. Zudem unterstützen die oftmals noch in den Lebensmitteln vorhandenen Milchsäurebakterien die Aufnahme von wertvollen Vitalstoffen z. B. von Kalzium aus Quark oder Joghurt, verbessern den Abbau von Milchzucker (Laktose) und bereichern die Darmflora.

KURKUMA

In Indien ist Kurkuma schon seit Jahrtausenden eine bewährte Heilpflanze. Der orangegelbe Pflanzenfarbstoff aus der Gelbwurzel (Curcuma longa) ist ein wesentlicher Bestandteil von Currymischungen. Der Wirkstoff Curcumin wirkt krebshemmend und fördert das Absterben von Krebszellen. Am besten wirkt der Pflanzenschutzstoff zusammen mit Pfeffer, da das darin enthaltene Piperin den Abbau des Curcumins in der Leber und der Darmschleimhaut verlangsamt. Wie alle Gewürze und Kräuter ist auch Kurkuma licht-, hitze- und sauerstoffempfindlich. Sorgen Sie deshalb für eine dunkle Lagerung in gut schließenden Gewürzgefäßen.

SCHOKOLADE

Je dunkler, desto edler und auch gesünder ist sie. Neben Heidelbeeren und Traubenkernmehl gehört dunkler Kakao zu den besten Lieferanten von Proanthocyanidin. Dieser Pflanzenschutzstoff neutralisiert freie Radikale, greift aber auch in den Energiegewinnungsprozess von Krebszellen ein, indem er die Verbrennung anregt und die Vergärung hemmt. Nicht zuletzt ist Schokolade mit einem Kakaogehalt von 70 Prozent reich an Polyphenolen. Besonders empfehlenswert sind sind Kakaoriegel mit Zucker, die den Blutzucker nicht ansteigen lassen.

GRÜNER TEE

Bei grünem Tee handelt es sich um eine unfermentierte Teesorte. So bleiben die wertvollen Inhaltsstoffe in den Teeblättern, die Polyphenole (im Speziellen: Catechine), erhalten. Schon drei Tassen grüner Tee pro Tag hemmen das Krebswachstum. Lassen Sie den Tee am besten acht bis zehn Minuten lang ziehen, so werden die bitter schmeckenden Catechine optimal freigesetzt. Die besten Sorten mit dem höchsten Polyphenlogehalt sind der japanische Gyokuro und der Sencha-Uchiyama.

WASSER – REINE LEBENSKRAFT

Wasser ist für unsere Gesundheit von besonderer Bedeutung. Schließlich bestehen wir zu etwa 60 Prozent aus diesem Element. In einem Menschen mit 75 Kilogramm Körpergewicht stecken also etwa 45 Liter Wasser.
Wasser ist notwendig, um alle Stoffwechselfunktionen in unserem Körper ablaufen zu

Grüner Tee zur Ruhepause: bringt Entspannung und liefert wertvolle sekundäre Pflanzenstoffe.

lassen: Verdauung, Zellaufbau, Herz-Kreislauf-Funktion und Wärmehaushalt. Es bringt Nährstoffe in die Zellen, entgiftet über die Nieren und die Leber, unterstützt das Immunsystem durch feuchte Schleimhäute und sorgt als Hauptbestandteil des Blutes für die Versorgung unserer Organe mit lebenswichtigem Sauerstoff. Ein Mensch kann einige Wochen ohne feste Nahrung auskommen. Ohne Wasser überlebt er nur wenige Tage. Eine mangelnde Versorgung mit Wasser kann deshalb sehr schnell Beschwerden auslösen.

Achten Sie v. a. auf die Qualität des Wassers. Trinkwasser, das aus aufbereitetem Oberflächenwasser (aus Flüssen, Seen) gewonnen wird, ist zwar keimfrei, aber oftmals mit chemischen Rückständen wie Arzneimittelabbauprodukten, die über Klärwerke nur unvollständig abgebaut werden, belastet.

INFO Zuckerhaltige Getränke sind wenig dazu geeignet, den Flüssigkeitsbedarf des Körpers zu decken. Sie können den Blutzuckerspiegel in die Höhe treiben, wenn sie die falschen Zucker enthalten. Am besten entspricht pures Trinkwasser unseren Bedürfnissen. Durch Zugabe von Beerensäften zu Wasser im Verhältnis 1:9 können Sie sich selber ein fruchtiges und zuckerarmes Getränk mixen, das den Durst löscht und Ihren Körper gleichzeitig mit wertvollen sekundären Pflanzenstoffen versorgt.

Flüssigkeitsverluste ausgleichen

Voraussetzung für körperliche und geistige Leistungsfähigkeit, für Wohlbefinden und Lebenskraft ist, dass das Verhältnis von Flüssigkeitsaufnahme und -ausscheidung stimmt. Jeden Tag verlieren wir etwa zweieinhalb Liter Wasser über den im Atem enthaltenen Wasserdampf, durch Schwitzen und mit dem Urin. Diesen Verlust müssen Sie ausgleichen.

Es gilt die Faustregel: 35 bis 40 Milliliter Wasser pro Kilogramm Körpergewicht. Davon nehmen Sie etwa ein Drittel über die Nahrung auf. Unter normalen Bedingungen – also ohne schweißtreibende körperliche Anstrengung, bei normalen Temperaturen, ohne Fieber, Durchfall oder Erbrechen – braucht eine Frau daher rund 2 Liter, ein Mann 2,5 Liter Wasser pro Tag. (Achtung: Kinder benötigen mehr Wasser pro Kilogramm Körpergewicht als Erwachsene.) Bei starker körperlicher Anstrengung, etwa beim Sport, kann Ihr Tagesbedarf jedoch das Drei- bis Vierfache erreichen.

Auf eine gute Qualität achten

Ebenso wichtig wie die Menge ist die Qualität Ihres Trinkwassers. Wenn Sie keine schweißtreibende Tätigkeit ausüben, wie harte körperliche Arbeit oder Sport, bevorzugen Sie am besten ein mineralstoffarmes Wasser, rein und frei von Schadstoffen. Quellwasser aus den Bergen oder Naturschutzgebieten erfüllt diese Voraussetzungen am besten. Bei vermehrtem Schwitzen durch Hitze, Sport oder körperliche Anstrengung sollte der Verlust an Mineralien über mineralstoffreiches Wasser ausgeglichen werden. Leitungswasser hat in Deutschland, Österreich und der Schweiz in der Regel Trinkwasserqualität, ist aber oftmals mineralarm. Aus diesem Grund sind Mineralwässer geeigneter. Sollten Sie in einem Altbau wohnen, lohnt es sich, beim Besitzer nachzufragen, ob die Wasserrohre verbleit oder kupferhaltig sind und so die Wasserqualität beeinträchtigen. Ärzte und Ernährungswissenschaftler raten auch von Mineralwässern schlechter Qualität, das heißt mit einem unausgewogenen Mineralstoffgehalt ab, da der menschliche Körper den Überschuss an bestimmten Mineralien teilweise schwer ausgleichen kann.

Ein gut sortierter Vorratsschrank erleichtert es, im Sinne der Anti-Krebs-Ernährung zu essen.

DIE BESTEN LEBENSMITTEL FÜR IHREN VORRAT

Bewusstes und geplantes Einkaufen sowie eine gute Vorratshaltung sind die Grundvoraussetzungen für eine frische, abwechslungsreiche Küche. Mit einigen Grundzutaten in Kombination mit Milchprodukten aus dem Kühlregal, aber auch mit Konserven, Tiefkühlkost sowie mit frischem Gemüse und Obst, Kräutern und Gewürzen können Sie in kurzer Zeit köstliche Gerichte zum Frühstück, Mittagessen und Abendessen zubereiten. Für die Rezepte in diesem Buch wurden die im Folgenden aufgelisteten Zutaten verwendet.

Schrankvorrat

Rohrzucker
Honig
Leinsamen
Sonnenblumenkerne
Cashewkerne (ungesalzen)
ganze Mandeln
Haselnüsse
Pinienkerne
Erdnüsse (ungesalzen)
Pecannüsse
Sesamsamen
Kürbiskerne
1 Glas Mandelmus
1 Dose Kokosmilch
Mohnsamen
Amaranth
Hirse
Quinoa
Haferflocken
1 kg Dinkelmehl (Type 1050)
1 kg Kokosmehl
1 kg Buchweizenmehl
1 kg Mandelmehl
1 Packung dunkler Kakao
1 Tafel Bitterschokolade (70 %)
1 Glas Konfitüre (Fruchtanteil mindestens 55 %, gesüßt mit Isomaltulose, Fruktose, Galaktose oder Agaven- bzw. Apfeldicksaft)
1 Liter Orangensaft
Sherry
1 Dose Thunfisch
1 Dose Sardellen
je 1 Glas grüne und schwarze Oliven
1 Dose Bambussprossen
1 Glas Senf
1 Tube Tomatenmark
1 Glas Kapern
1 Glas Cornichons
1 Glas Fischfond
1 Glas Wildfond
getrocknete Shiitake-Pilze
Gemüsebrühe (gekörnt, Pulver)
getrocknete Kräuter
Gewürze (z. B. Salz, Pfeffer, rosenscharfes Paprikapulver)
Sojasauce

Ajvar
Currypaste
Chiliflocken
Tabasco
geriebener Meerrettich
Essig (z. B. Weiß- oder Rotweinessig, Reisessig)
Dosentomaten (ganz, stückig oder passiert)
je 1 Flasche Olivenöl und Rapsöl
nach Belieben noch eine kleine Menge anderer Pflanzenöle (z. B. Leinöl, Sesamöl, Walnussöl)
1 Flasche Mineralwasser mit Kohlensäure

Kühlschrankvorrat

1 Liter Milch
1 Packung Frischkäse
1 Becher Quark
1 Becher Hüttenkäse
1 Becher Schmand
1 Becher Ricotta
1 Becher Buttermilch
1 Becher Joghurt
1 Becher Crème fraîche
1 Becher saure Sahne
1 Becher Sahne
1 Packung Seidentofu
1 Packung Kräutertofu
1 Liter Sojamilch
1 Packung Eier
Butter
Wurst (z. B. Serrano- oder Parmaschinken, Roastbeef, Kalbsleberwurst)
1 Stück Parmesan
Käse (z. B. Bergkäse, Emmentaler, Camembert, Gouda)
Räucherlachs

Gefrierfachvorrat

TK-Kräuter (gemischt oder einzelne Sorten)
TK-Gemüse (gemischt oder einzelne Sorten, ohne Sauce und Zusatzstoffe)
TK-Beeren (ohne Zucker)
TK-Fisch (z. B. Pangasius, Rotbarsch, Forelle),
TK-Meeresfrüchte, -Krabben oder -Garnelen

Frische Zutaten

Limetten, Zitronen
Zwiebeln (weiß und rot), Schalotten
Knoblauch
Ingwer
Früchte der Saison
Gemüse der Saison
Salate der Saison
Kräuter der Saison

INFO Die richtige Zubereitung ist das A und O in der gesunden Küche, um die kostbaren Inhaltstoffe der verwendeten Zutaten zu erhalten. Achten Sie beim Braten immer auf die Qualität des Fetts/Öls. Solche mit einem hohen Anteil an gesättigten Fettsäuren (wie Butter und ungehärtetes Kokosfett) eignen sich zum Erhitzen weit besser als Öle mit reichlich ungesättigten Fettsäuren (z. B. Lein- oder Hanföl). Letztere werden beim Erhitzen zerstört, wobei gesundheitsschädliche Fettsäuren entstehen können.

Um die wertvollen Inhaltsstoffe zu erhalten, ist die Zubereitung im Wok eine ideale Garmethode.

GANZHEITLICH GESUND LEBEN

Das Dr.-Coy-Prinzip zur Prävention, Gesunderhaltung und Krebstherapie ist ganzheitlich angelegt. Natürlich bildet die Ernährung den Schwerpunkt eines positiven Lebensstils. Versuchen Sie aber auch in anderen Aspekten des täglichen Lebens gut auf sich zu achten. Ich habe Ihnen im Folgenden einige Regeln zusammengestellt, die Ihnen helfen können, gesund zu bleiben oder es wieder zu werden.

DIE WICHTIGSTEN GESUNDHEITSREGELN AUF EINEN BLICK

Achten Sie gut auf sich: Regelmäßige Vorsorgeuntersuchungen und Gesundheitschecks bei einem Arzt Ihres Vertrauens sind unabdingbar im Rahmen einer aktiven Gesundheitsvorsorge.

Ernähren Sie sich kohlenhydratarm, eiweiß- und ballaststoffreich mit einem hohen Anteil an wertvollen, aufeinander abgestimmten Ölen und Fetten. Kombinieren Sie dazu ausreichend Vitamine, Mineralstoffe und sekundäre Pflanzenstoffe.

Essen Sie nicht mehr als 1 Gramm Kohlenhydrate pro Kilogramm Körpergewicht am Tag. Verzehren Sie nicht mehr als 40 Gramm Kohlenhydrate auf einmal und kombinieren Sie zucker- und stärkehaltige Lebensmittel immer mit eiweiß- und fettreichen Zutaten. So erhöht sich Ihr Blutzuckerspiegel und damit Ihr Insulinspiegel nach dem Essen nur langsam, und Sie bleiben länger satt.

Verzichten Sie auf weißes (Weizen-)Mehl und auf Weißmehlprodukte. Gesündere Alternativen sind Mehle aus alten Getreidesorten wie z. B. Dinkel, Einkorn und Emmer.

Setzen Sie auf hochwertiges Eiweiß, das wertvolle essenzielle Aminosäuren liefert und für eine lang andauernde Sättigung sorgt. Essen Sie kein Industriefleisch, sondern Fleisch von Schweinen, Rindern und Geflügel aus artgerechter Haltung.

Verzehren Sie möglichst ausgereifte Früchte mit deren essbarer Schale und trinken Sie Fruchtsäfte ohne Zuckerzusatz und verdünnt mit Wasser. So kommen Sie in den maximalen Genuss von Vitaminen, Mineralstoffen und bioaktiven Pflanzenstoffen. Greifen Sie bei einheimischem Obst nach Möglichkeit zu alten Sorten, da diese für gewöhnlich weniger Zucker enthalten als neuere Sorten.

Genießen Sie häufig milchsauer vergorene Lebensmittel: Buttermilch, Quark, Joghurt, Käse, Sauerkraut und milchsauer eingelegtes Gemüse harmonisieren den Säure-Basen-Haushalt, und gleichzeitig wird der Vergärungsstoffwechsel in Krebszellen gehemmt.

Kochen Sie selbst, so haben Sie es in der Hand, wie viel Zucker oder Salz in Ihrem Essen stecken. Die Rezepte, die Sie ab Seite 46 in diesem Buch finden, lassen sich schnell und ohne allzu viel Aufwand zubereiten. Wer seine Nahrung regelmäßig selbst zubereitet, schafft eine Verbindung zur Natur und zu seinem Körper.

Essen Sie mit Genuss und machen Sie Essen und Trinken möglichst oft zu einem entspannenden Gemeinschaftserlebnis.

Unterscheiden Sie zwischen echter Nahrung und essbaren nahrungsähnlichen Zutaten. Geben Sie naturbelassenen Lebensmitteln den Vorzug vor industriell bearbeiteten oder mit Vitalstoffen angereicherten Nahrungsmitteln.

Verzichten Sie lieber auf Nahrungsmittel mit Zutaten, die Sie in Ihrer Küche nie finden würden: Diese Ernährung stammt nicht aus dem Kochtopf, sondern aus dem Labor.

Trinken Sie ausreichend reines Wasser, das bedeutet pro Tag zwischen 2 und 3 Liter.

Die positive Wirkung von regelmäßiger (Ausdauer-)Bewegung in der Krebsvorbeugung und -therapie ist wissenschaftlich belegt. Bewegen Sie sich im Alltag so viel wie möglich und gönnen Sie sich jeden Tag eine halbe Stunde Spaziergehen, Nordic Walking oder Jogging an der frischen Luft. Das versorgt Sie mit viel Sauerstoff und erhöht Ihre Vitamin-D-Reserven. Zudem leeren Sie Ihre Zuckerspeicher in den Muskeln und harmonisieren überhöhte Spiegel des Stresshormons Cortisol.

Sorgen Sie für ein Gegengewicht zum oft unvermeidlichen Alltagsstress. Wenn Sie Freude daran haben, erlernen Sie Entspannungstechniken, die Sie das Leben leichter nehmen lassen. Dazu werden z. B. an Volkshochschulen Kurse angeboten; manche Techniken lassen sich auch mithilfe von Büchern und CDs erlernen. Autogenes Training, Progressive Muskelentspannung, Meditation, Yoga, Qi Gong oder Atemtherapie verhelfen zu mehr Gelassenheit und innerer Stärke, lösen innere Spannungen und stärken so auch Ihr Immunsystem.

Nicht zuletzt: Achten Sie auf Ihr Gewicht. Mit den Rezepten ab Seite 46 ist das ganz einfach. Verzichten Sie außerdem auf Nikotin und genießen Sie alkoholische Getränke in Maßen – meiden Sie hochprozentige Alkoholika, da dadurch die Schleimhäute von Mund, Rachen und Speiseröhe geschädigt werden. Ein Glas Rotwein pro Tag ist dagegen Medizin.

LEBENSMITTELTABELLEN – GESUND ESSEN NACH DEM AMPELPRINZIP

Die auf der nächsten Seite beginnenden Tabellen zeigen, wie unterschiedlich Lebensmittel auf den Blutzuckerspiegel wirken. So können Sie Kohlenhydrat-Schwergewichte von vornherein vermeiden und sich Ihren individuellen Speiseplan zusammenstellen. Dabei gilt das Ampelprinzip:

- **Grüne Lebensmittel:** Diese Nahrungsmittel können Sie ohne Bedenken in üblichen Portionsgrößen essen, weil sie den Blutzuckerspiegel nicht oder nur wenig erhöhen. In Rezepten und Tagesplänen (siehe hintere Umschlagklappe) können diese Lebensmittel beliebig gegen andere aus der »grünen Liste« ausgetauscht werden.
- **Gelbe Lebensmittel:** Die hier genannten Nahrungsmittel und Getränke sind zwar ebenfalls gesund, allerdings sollten Sie sie davon wegen des relativ hohen Zuckergehalts während der Ernährung nach dem Dr.-Coy-Prinzip nur begrenzte Mengen essen.
- **Rote Lebensmittel:** Die rote Liste enthält Nahrungsmittel und Getränke, die Sie generell meiden oder nur in sehr kleinen Mengen konsumieren sollten. Allerdings wurden in der Übersicht ab Seite 40 nur Lebensmittel in der »klassischen« Rezeptur bewertet. Inzwischen gibt es auch verschiedene Brote, Nudeln, Pizzas, Kuchen und sogar Speiseeis, nach deren Verzehr der Blutzuckerspiegel nur gering oder gar nicht in die Höhe schnellt. Studieren Sie daher schon beim Einkauf ausführlich die Angaben auf der Verpackung und achten Sie sehr genau auf die Zusammensetzung der Nahrungsmittel. Wenn Sie aus der roten Liste naschen wollen, können Sie anhand der auf der Verpackung angegebenen Kohlenhydrate schnell sehen, wie viel Sie essen dürfen, ohne Ihr Kontingent zu überschreiten.

GRÜNE LEBENSMITTEL

Alle folgenden Nahrungsmittel sind bestens für die Anti-Krebs-Ernährung geeignet; hier können Sie sich nach Herzenslust auf gesunde Art satt essen. Wählen Sie ganz nach persönlichen Vorlieben aus der reichhaltigen Palette dieser gesunden Lebensmittel – egal ob für Hauptgerichte oder für Snacks.

OBST

Zitrone

GEMÜSE

Alfalfa-/Luzernen-Sprossen
Algen
Artischocken
Auberginen
Avocado
Bambussprossen
Bleichsellerie (Stangen-, Staudensellerie)
Blumenkohl
Bohnen, grün
Bohnensprossen
Brennnesseln
Brokkoli
Chinakohl
Fenchel
Frühlingszwiebeln
Grünkohl
Knoblauch
Knollensellerie
Kohlrabi
Lauch (Porree)
Lotuswurzel, frisch
Mangold
milchsauer vergorenes Gemüse (z. B. rote Bete)
Okraschoten
Oliven
Pak Choi
Paprikaschote
Pastinaken
Radieschen
Rettich
Romanesco
Rosenkohl
Rotkohl
Salatgurke
Sauerkraut
Schnittkohl
Schwarzkohl
Schwarzwurzeln
Sellerie
Spargel
Spinat
Spitzkohl
Sprossen (außer Kichererbsen und Soja)
Tomaten
Topinambur
Weiße Rübe
Weißkohl
Wirsing
Zucchini
Zwiebeln

SALATE

Bataviasalat
Brunnenkresse
Chicorée
Eichblattsalat
Eisbergsalat
Endivien
Feldsalat
Kopfsalat
Löwenzahn
Lollo rosso und biondo
Pflücksalat
Portulak
Radicchio
Römischer Salat
Rucola
Sauerampfer
Treviso
Zuckerhut

PILZE

Austernpilz
Birkenpilze
Butterpilze
Champignon
Maitake
Morchel
Morchel, getrocknet
Pfifferling
Reishi
Reizker
Rotkappe
Shiitake
Steinpilz
Trüffel
Trüffel, getrocknet

GEWÜRZE & KRÄUTER

Bärlauch
Basilikum
Bohnenkraut
Borretsch
Brunnenkresse
Chili
Currypulver
Dill
Estragon
Galgant
Gartenkresse
Grüne Pfefferkörner
Kapern
Kerbel
Koriander
Kresse
Kreuzkümmel
Kümmel
Kurkumapulver
Liebstöckel
Majoran
Muskatnuss
Oregano
Paprikapulver
Petersilie
Pfefferminze
Pimpinelle
Portulak
Rosmarin
Salbei
Schnittlauch
Schwarzer Pfeffer
Thymian
Weißer Pfeffer
Ysop
Zitronenmelisse

FLEISCH & INNEREIEN

Hirn
Kalb
Kalbsbrust
Kalbsfilet
Kalbsgulasch
Kalbskeule (Schlegel)
Kalbskotelett
Kalbsschnitzel
Kaninchen
Knochenmark
Lamm
Lammfilet
Lammkeule (schlegel)
Lammkotelett
Lammlende
Lammschnitzel
Leber
Lunge
Niere
Ochsenschwanz
Rind
Rind, Hochrippe (Dicke Rippe, Rostbraten)
Rinderfilet
Rindergulasch
Rinderhackfleisch
Rinderkamm (Hals)
Rinderkeule (Schlegel)
Rinderlende (Roastbeef)
Rinder-Tartar
Schwein
Schwein, Kasseler
Schweinebauch
Schweinefilet
Schweinegulasch
Schweinehackfleisch
Schweinekamm
Schweinekotelett
Schweinerückenspeck
Schweineschnitzel
Schweinshaxe (Eisbein)
Ziege
Zunge

GEFLÜGEL

Ente
Fasan
Gans
Huhn
Huhn, Brathuhn
Huhn, Suppenhuhn
Hühnerbrust
Hühnerkeule
Pute (Truthahn)
Putenbrust
Putenkeule
Rebhuhn
Straußenfleisch
Stubenküken
Taube
Wachtel

WILD

Büffel (Bison)
Dammwild
Gemse
Hase
Hirsch
Reh
Wasserbüffel
Wildschwein

WURST & SCHINKEN[1]

Bierschinken
Bratenaufschnitt
Bratwurst
Bresaola
Bündnerfleisch
Geflügelwurst
Gelbwurst
Jagdwurst
Käsewürstchen
Krakauer
Lachsschinken
Leberpastete
Leberwurst, grob
Leberwurst, mager
Putenwurst
Salami
Schinken, gekocht
Schinken, roh
Speck
Weißwurst
Wiener Würstchen

FISCH

Aal
Anchovis
Bachforelle
Bachsaibling
Brasse[2]
Brathering
Bückling
Fischeier (generell)
Flunder
Flussbarsch
Forelle
Hecht
Heilbutt
Hering[2]
Hummer
Kabeljau
Karpfen
Katfisch (Steinbeißer)
Kaviar
Kaviar-Ersatz
Krebsfleisch
Lachs (Wild-)[2]
Lachs, geräuchert[2]
Makrele[2]
Makrele, geräuchert[2]
Matjeshering[2]
Ölsardinen (Dose)[2]
Pangasius
Renke
Rollmops
Rotbarbe
Rotbarsch
Salzhering[2]
Sardine[2]
Sashimi (ohne Reis)
Schellfisch
Schellfisch, geräuchert
Schillerlocke[2]
Scholle
Schwertfisch
Seeaal, geräuchert[2]
Seehecht
Seezunge
Sprotte[2]
Steinbutt
Thunfisch[2]
Tintenfisch, natur
Trockenfisch
Viktoriabarsch
Zander

MUSCHELN & KRUSTENTIERE

Austern
Garnelen
Hummer
Jakobsmuscheln
Kaisergranat
Krabben (Dose)
Krebs
Krebsfleisch (Dose)
Krebsfleischersatz
Languste
Miesmuscheln
Shrimps

MILCHPRODUKTE

Buttermilch
Crème fraîche
Quark
saure Sahne
Schlagsahne (ungezuckert)
Schmand

KÄSE[3]

Appenzeller
Bavaria blue
Bergkäse
Bleu d'Auvergne
Bleu de Bresse
Brie
Butterkäse
Camembert
Chester

Danbo
Doppelrahmfrischkäse
Edamer/Gouda
Edelpilzkäse
Emmentaler
Esrom
Feta
Frischkäse
Gorgonzola
Gruyère
Handkäse
Hüttenkäse
Kochkäse
Körniger Frischkäse
Leerdamer
Limburger
Maaslander
Mascarpone
Mozzarella
Parmesan
Provolone
Pyrenäenkäse
Raclette
Ricotta
Robiola
Romadur
Roquefort
Schafkäse
Tête de Moine
Tilsiter
Trappistenkäse
Ziegenkäse

EIER

Hühnerei

FETTE & ÖLE

Avocadoöl
Butter, Bio
Butterschmalz
Erdnussöl
Gänseschmalz
Granatapfelkernöl
Hanföl[2]
Kokosöl
Kürbiskernöl
Leinöl[2]
Mandelöl
Margarine, ungehärtet
Olivenöl
Palmöl
Rapsöl (zum Braten)[2]
Rinderschmalz
Schweineschmalz
Sesamöl
Traubenkernöl
Walnussöl[2]

SÜSSUNGSMITTEL

Süßstoff, z. B. Stevia[4]

BINDEMITTEL

Agar-Agar
Gelatine
Guakernmehl
Johannisbrotkernmehl

GETRÄNKE

Espresso
Leitungswasser
Mineralwasser
Tee, schwarz
Zichorienkaffee
Zitronensaft

SONSTIGES

Essig, alle Sorten
Gemüsebrühe, Instant
Hühnerbrühe, Instant
Leinsamen und -mehl
Mohn
Rinderbrühe, Instant
Sambal Oelek
Senf, scharf
Sojasauce (auf Zuckeranteil achten)
Tofu
Worcestersauce

1 möglichst Bioqualität; ohne Zusatz von Zucker oder Nitrit-Pökelsalz.
2 hoher Gehalt an Omega-3-Fettsäuren.
3 Käserinde (insbesondere von Rohmilchkäse) sollte nicht verzehrt werden. Schimmelkäse wie Roquefort sind bei eingeschränkter Immunabwehr nicht zu empfehlen, weil sie das Infektionsrisiko erhöhen.
4 Stevia stammt aus Lateinamerika und führt nicht zu einer Erhöhung des Blutzuckers. Sie hat die 300-fache Süßkraft von Zucker, ihm gegenüber aber einen Eigengeschmack. Stevia ist in Deutschland erhältlich, aber nicht als Lebensmittel zugelassen. Sie wurde jedoch von der Expertenkommission FAO der WHO bis zu einer gewissen Höchsteinnahmemenge als unbedenklich eingestuft (siehe auch Seite 70).

GELBE LEBENSMITTEL

Auch diese Nahrungsmittel dürfen Sie ohne schlechtes Gewissen genießen – allerdings nur in begrenzten Mengen. Achten Sie vor allem darauf, dass die Produkte roh und ungezuckert sind. Die genanten Portionsmengen enthalten je 5 Gramm Kohlenhydrate.

OBST

140 g Acerola
12 g Acerolakonzentrat
40 g Ananas
40 g Apfel
55 g Aprikose
40 g Birne
50 g Bitterorange
80 g Brombeeren
40 g Cherimoya (Anone)
80 g Erdbeeren
40 g Feige, frisch
30 g Granatapfel
60 g Grapefruit (Pampelmuse)
75 g Guave
30 g Hagebutten
55 g Heidelbeeren
90 g Himbeeren
75 g Holunder[1]
80 g Honigmelonen
65 g Johannisbeeren, rot
50 g Johannisbeeren, schwarz
55 g Johannisbeeren, weiß
70 g Kaktusfeige
143 g Karambole (Sternfurcht)
30 g Khaki
50 g Kirschen, sauer
45 g Kiwi
25 g Kulturheidelbeeren
35 g Kumquat
275 g Limone
30 g Litschi
45 g Mandarine
35 g Mango
35 g Mirabelle
45 g Mispel
40 g Nektarine
50 g Orange
200 g Papaya
40 g Passionsfrucht
55 g Pfirsich
45 g Pflaume
30 g Pomelo
80 g Preiselbeeren
70 g Quitte
40 g Reineclaude
350 g Rhabarber
100 g Sanddornbeeren, frisch
60 g Stachelbeeren
90 g Walderdbeeren
60 g Wassermelone
40 g Wildkirschen

GEMÜSE

400 g Essiggurken
85 g Karotten, roh
35 g Kartoffeln, festkochend, gebraten
100 g Kürbis
30 g Linsen, gegart
120 g Palmenherz, gegart (Glas, Dose)
85 g rote Bete, gekocht

GETREIDE & MEHLE[2]

9 g Amaranth[3]
7 g Buchweizen[3]
8 g Dinkel
9 g Einkorn
9 g Emmer
8 g Gerste
8 g Hafer
12 g Haferkleiemehl, kohlenhydratarm
8 g Hirse[3]
23 g Kokosmehl[3]
35 g Kürbiskernmehl[3]
70 g Mandelmehl[3]
8 g Quinoa[3]
8 g Roggen
30 g Traubenkernmehl[3]

NÜSSE & ÖLSAMEN

17 g Bucheckern
14 g Edelkastanie, gegart
50 g Erdnüsse
65 g Hanfnüsse, geschält

45 g Haselnüsse
100 g Kokosnuss, frisch
80 g Kokosnuss, Raspel
35 g Kürbiskerne
35 g Macadamia
120 g Mandeln
120 g Mohnsamen
140 g Paranüsse
110 g Pecannüsse
60 g Pinienkerne
30 g Pistazienkerne
50 g Sesamsamen
40 g Sonnenblumenkerne, geschält
45 g Walnüsse

MILCH

150 ml Ayran
125 ml Dickmilch, vollfett
100 ml H-Milch, 3,5 %
125 g Joghurt (ohne Zuckerzusatz)
125 ml Kefir
300 ml Laktat-Drink – Milch
325 ml Laktat-Drink – Soja
90 ml Magermilch
100 ml Milch, fettarm
110 ml Molke
100 ml Rohmilch
100 ml Vollmilch

SÜSSUNGSMITTEL

7 g Agavendicksaft
7 g Ahornsirup
6 g Apfeldicksaft
7 g Birnendicksaft
5 g Fruktose

GETRÄNKE

200–400 ml alkoholfreier Rotwein, trocken
150 ml alkoholfreies Bier
200 ml alkoholfreier Sekt, brut
200–400 ml alkoholfreier Weißwein, trocken
100 ml Café au lait
100 ml Cappuccino
200–400 ml Fruchtsaftschorlen (aus allen auf Seite 38 genannten Beeren)
200 ml Gemüsesäfte, ungezuckert (aus beliebigen Sorten der grünen Liste)
100 ml Gemüsesäfte, ungezuckert (aus Sorten der gelben Liste)
100 ml Milchkaffee
150 ml Sojamilch natur

ALKOHOL

200 ml Apfelwein, pur
500 ml Apfelweinschorle, sauer
500 ml Bier (Diät)
150 ml Bier (Pils, Weizen)
200 ml Champagner, brut
200–400 ml Roséwein, trocken
200–400 ml Rotwein, trocken
200 ml Sekt, brut
200 ml Sherry, trocken
200–400 ml Weißwein, trocken
400 ml Weißweinschorle, trocken, sauer gespritzt

SONSTIGES

9 g Amaranth-Popcorn
30 g Erdnussbutter
50 g Erdnussmus
45 g Ingwer, frisch (ungezuckert)[4]
20 g Nuss-Nougat-Creme, kohlenhydratarm
50 g Sesammus

1 Nicht roh verzehren.
2 Gemäß den Mengenangaben in den Rezepten.
3 Glutenfrei
4 Effektives Mittel gegen Übelkeit während einer Chemotherapie.

ROTE LEBENSMITTEL

Diese Nahrungsmittel sollten Sie meiden, weil sie zu viele Kohlenhydrate enthalten.

OBST

Apfelringe, getrocknet
Aprikosen, getrocknet
Bananen
Bananenchips
Datteln
Dörrpflaumen
Feigen
Rosinen
Trauben
Trockenfrüchte

GEMÜSE

Bohnen, rot und weiß
Erbsen
Kichererbsen
Zuckermais

NÜSSE

Cashewnüsse
Studentenfutter

GETREIDE

Bulgur
Couscous
Graupen
Grieß
Mais
Maisstärke
Paniermehl
Polenta (Maisgrieß)
Weizen
Weizenmehl, Typ 405
Weizenmehl, Typ 1050
Weizenstärke
Weizenvollkornschrot, Typ 1700

BACKWAREN[1]

Baguette
Brezel
Brötchen
Fladenbrot
Gebäck
Getreideprodukte
Hamburgerbrötchen
Kekse
Knäckebrot
Kuchen
Maisfladenbrot
Mehrkornbrot
Mischbrot (Graubrot)
Pumpernickel
Roggenbrot, Sauerteig
Toastbrot, Vollkorn
Toastbrot, weiß
Waffeln
Weißbrot
Weizenbrötchen
Weizenmischbrot
Weizenvollkornbrot

MÜSLIS & FLOCKEN

Cornflakes
Mehrkornflocken
Müsli
Weizenkeime
Weizenkleie
Weizenpops

TEIGWAREN[1] & REIS

Basmati-Reis
Eierteigwaren
Milchreis
Naturreis
Nudeln, Hartweizengrieß
Pizza
Reis
Reisbrei
Reisnudeln
Reisstärke
Risotto
Schnellkochreis (Instant)
Spätzle
Spaghetti
Vollkornnudeln
Wildreis

KARTOFFELN

Backkartoffeln
Gnocchi
Kartoffelkloß
Kartoffeln, mehlig kochend
Kartoffelpuffer

Kartoffelpüree
Kartoffelstärke
Kartoffelsuppe
Knödelpulver, halb & halb
Pellkartoffeln
Pommes frites
Salzkartoffeln

MILCH & MILCHPRODUKTE

Buttermilch mit Fruchtzubereitung
Joghurt mit Fruchtzubereitung
Quark mit Fruchtzubereitung
Kondensmilch, gezuckert
Molke mit Fruchtzubereitung

KÄSE

Scheiblettenkäse
Schmelzkäse

SNACKS

Chips
Erdnussflips
Maischips (Nachos)
Popcorn
Puffreis
Reiscracker
Salzstangen, -gebäck

SÜSSUNGSMITTEL

Fruktosesirup
Gelee (Glas)
Haushaltszucker
Honig
Invertzucker
Konfitüre (Glas)
Maltodextrin
Maltose (Malzzucker)
Melassesirup
Milchzucker
Traubenzucker (Glukose)
Zucker

GETRÄNKE

Bitterlimonade
Colagetränke, gezuckert
Eiskaffee
Eistee
Fruchtnektar
Fruchtsaftgetränke
Gerstenmalzgetränke
Haferdrink
Kakao, gezuckert
Karottensaft
Limonade
Malzbier
Multivitaminnektar
Obstsäfte, unverdünnt
Reismilch
Sojamilch, gezuckert
Sportgetränke, gezuckert (isotonische Drinks)
Tee, gezuckert
Trinkschokolade

ALKOHOL

Altbier, dunkel
Bier mit Limonade
Bitterlikör
Dessertwein
Eierlikör
Federweißer
Glühwein
klare Schnäpse
Sekt, süß
Wein halbtrocken, mild
Weißbier
Weizenvollbier

SONSTIGES

Fertigdressing, gezuckert
Fertiggerichte
Ketchup
Nuss-Nougat-Creme
Saucen, angedickt
Seitan (Weizenprotein, Fleischersatz, bio)
süßer Senf
Suppen, angedickt
Tapioka (Sago)

SÜSSES

Pudding
Schokolade, Kakaoanteil unter 70 %
Speiseeis
Süßigkeiten

1 In herkömmlicher Zusammensetzung.

Rezepte für jeden Tag

So fällt die Umstellung leicht

- Auf die richtigen Zutaten kommt es an
- Die Kohlenhydrate im Blick
- Genuss statt Verzicht

GESUNDHEIT BEGINNT IN DER KÜCHE

In den eigenen vier Wänden ist die alltägliche Umsetzung der Anti-Krebs-Ernährung ganz einfach. Nicht zuletzt zeigen auch die folgenden Rezepte, wie vielfältig diese Art der Ernährung sein kann. Sogar Desserts, Kuchen und salziges Knabbergebäck sind erlaubt – sofern Sie die tägliche Kohlenhydratmenge nicht überschreiten. Diese liegt bei 1 Gramm pro Tag und Kilo Körpergewicht.

EIWEISSBROTE

Brot ist in Deutschland Grundnahrungsmittel Nummer eins, und mit über 300 Sorten ist die Auswahl einmalig. Doch ganz gleich ob Weizen-, Roggen- oder Vollkornbrot: Sie alle liefern Unmengen von Kohlenhydraten und wirken sich daher extrem negativ auf den Blutzuckerspiegel aus. Es gibt jedoch auch spezielle Brote, deren Kohlenhydratanteil unter 20 Prozent liegt. Ein gleichzeitig hoher Eiweißanteil (mindestens zwölf Prozent) und ausreichend Ballaststoffe (mehr als zehn Prozent) sorgen dennoch für ein ausreichendes Sättigungsgefühl. Wenn Sie zu solchen Produkten greifen, brauchen Sie auch weiterhin nicht auf Sandwichs & Co. verzichten.

ÜBER DIE REZEPTE

Die folgenden Rezepte sind für je eine Person berechnet – außer eine so geringe Menge ist aus küchenpraktischen Gründen ungeeignet. In den Kapiteln »Süßes« (ab Seite 154) sowie »Brot und Gebäck« (ab Seite 168) ergeben die Rezepte grundsätzlich mehrere Portionen.
Der Nährwert der Speisen wird immer pro Portion angegeben. Dadurch haben Sie die Gesamtenergie und vor allem die tägliche Menge an Kohlenhydraten (KH) gut im Blick. Achten Sie stets darauf, nicht mehrere Rezepte mit höherem Kohlenhydratanteil zu kombinieren. Verteilen Sie die Kohlenhydrate außerdem möglichst gleichmäßig über den Tag.
Nehmen Sie pro Tag und Kilo Körpergewicht 0,5 ml Pflanzenöle zu sich, das heißt 35 ml bei 70 Kilogramm Gewicht.
Wenn Sie zwischendurch Hunger oder Appetit haben, können Sie sich bei den Lebensmitteln aus der »Grünen Liste« (ab Seite 34) bedienen.

WICHTIG Stellen Sie Ihre Ernährung nicht abrupt von einem Tag auf den anderen um. Durch die »normale« zucker- und stärkereiche Ernährung haben sich viele Körperzellen auf Zucker als Energielieferant eingestellt. Entzieht man dem Körper von heute auf morgen den Großteil des Zuckers, fühlen sich manche Menschen müde und abgeschlagen. Innerhalb von ein paar Tagen bis zu zwei Wochen stellt sich der Stoffwechsel aber auf eine vermehrte Verstoffwechslung von Fetten/Ölen und Eiweißen ein. Geben Sie Ihrem Körper Zeit und reduzieren Sie den Kohlenhydratgehalt Ihrer Nahrung innerhalb von 14 Tagen nach und nach.

AUSNAHMEN BESTÄTIGEN DIE REGEL

Keine Frage: Es gibt immer wieder Anlässe, zu denen wir eine »Auszeit« vom normalen Ernährungsalltag nehmen müssen oder wollen. Doch zum Glück müssen Sie die neue Anti-Krebs-Ernährung auch gar nicht jederzeit und stets zu hundert Prozent einhalten.
Wenn Sie wissen, dass Sie zum Essen gehen oder zu einer Feier eingeladen sind, leeren Sie Ihre Glykogenspeicher, indem Sie zuvor besonders wenig Glukose aufnehmen oder kurz vor dem Fest intensiv Sport treiben. Dann müssen erst einmal die Glykogenspeicher wieder gefüllt werden; der Blutzucker steigt langsamer an – und Sie können »sündigen«.

ERNÄHRUNGSTIPPS FÜR UNTERWEGS

Reduzieren Sie Sättigungsbeilagen wie Nudeln, Reis, Kartoffeln und Brot; am besten lassen Sie diese ganz weg und essen dafür mehr Gemüse und Salat. Achten Sie beim Dressing auf versteckten Zucker. Im Zweifel fragen Sie lieber nach Essig und hochwertigem Öl und mischen Sie die Sauce selbst.

Die meisten Restaurants gehen gern auf Ihre Wünsche ein und reichen Fleisch und Fisch, Gemüse und Salat ohne die sonst üblichen kohlenhydratreichen Sättigungsbeilagen.

Wenn Sie ein kohlenhydratreiches Gericht essen wollen, wählen Sie als Vorspeise Salat, Gemüse oder eine fetthaltige Suppe. Das verlangsamt den Kohlenhydratstoffwechsel, und der Blutzucker steigt weniger abrupt an.

Achten Sie auch unterwegs darauf, dass Sie die empfohlene Kohlenhydratmenge nicht überschreiten und diese möglichst gleichmäßig auf die einzelnen Mahlzeiten verteilen.

Wer auf Brot nicht verzichten kann, nimmt sich für unterwegs in Scheiben abgepacktes und durch Pasteurisieren haltbar gemachtes Eiweißbrot mit.

Lust auf Curry-, Rinds-, Weißwurst oder Wiener Würstchen? Kein Problem, wenn Sie den Ketchup weglassen und stattdessen zu Senf greifen. Nur süßer Senf enthält ebenfalls reichlich Zucker; ihn sollten Sie meiden. Ab und zu sind sogar Pommes frites oder auch gut angebratene, krosse Bratkartoffeln erlaubt. Beide setzen beim Verdauungsprozess weniger und langsamer Glukose frei als Salzkartoffeln oder Kartoffelpüree.

Achten Sie bei Suppen auf die Zusammensetzung: Verzichten Sie auf Nudeleinlagen – sie liefern zu viele Kohlenhydrate – und greifen Sie stattdessen zu Gemüsesuppen (mit nur wenig stärkereichem Gemüse bzw. Hülsenfrüchten). Hühnerbrühe oder Ochsenschwanzsuppe sind ebenfalls ideal.

Für den Nachtisch eignen sich Desserts aus Beeren (zum Beispiel Waldbeeren mit Sahne) oder fettreiche Cremes wie Panna cotta. Keine Angst vor Kalorien: Nehmen Sie lieber ein bisschen mehr Sahne als zu wenig, das bremst den Blutzuckeranstieg.

Wenn Sie zwischendurch der Hunger überkommt, helfen Nüsse und Samen. Ideal: Mandeln, Walnüsse und Kürbiskerne. Auch spezielle Energieriegel aus eiweißreichen Zutaten, kombiniert mit guten Fetten und Ballaststoffen eignen sich sehr gut für die Energieversorgung zwischendurch. Achten Sie jedoch unbedingt auf den Zuckeranteil; er ist bei einigen Herstellern extrem hoch.

Trinken Sie hauptsächlich Wasser, ungesüßten Tee und koffeinfreien Kaffee. Auch Saftschorlen aus Beerenmuttersäften (Himbeeren, Erdbeeren, Holunder) sind erlaubt, sofern kein weiterer Zucker zugesetzt wurde und die Säfte sehr stark verdünnt werden (neun Teile Wasser auf einen Teil Saft). Bei verdünnten Gemüsesäften müssen Sie ebenfalls auf den Zuckergehalt achten.

Wenn Sie einmal ein Bier trinken möchten: Herbe Gerstenbiere wie Pils enthalten weniger Kohlenhydrate als Weizenbiere. Ebenfalls erlaubt ist ein Glas trockener Rotwein zum Essen; die sekundären Pflanzenstoffe im Wein sind sogar gesundheitsfördernd.

Erdbeerquark mit Leinsamen-Crunchies

FÜR 1 PERSON

Zubereitung 15 Minuten

2 TL Rohrohrzucker
2 EL geschroteter Leinsamen
80 g Erdbeeren
150 g Speisequark (40 % Fett)
2 EL Schmand
2 TL Zitronensaft

Tipp Im Sommer können Sie diese Quarkspeise auch mit anderen Beeren, z. B. Brombeeren oder Himbeeren variieren, oder sich das Frühstück mit Honigmelone versüßen.

1 Den Zucker in die Mitte einer kleinen Pfanne häufen und bei mittlerer Hitze zu Karamell schmelzen lassen. Leinsamen dazugeben und in dem Karamell wenden. Die Mischung vom Herd nehmen und abkühlen lassen.

2 Die Erdbeeren kurz abbrausen, verlesen und die Kelchblätter entfernen. Die Früchte je nach Größe vierteln oder halbieren. Ein paar Stücke beiseitelegen.

3 Den Quark mit dem Schmand und Zitronensaft glatt verrühren. Die Hälfte von den Leinsamen-Crunchies untermischen. Die Quarkmischung und die Erdbeeren abwechselnd in eine Schale schichten. Mit einigen Erdbeerstücken und den übrigen Leinsamen-Crunchies bestreuen.

Nährwerte pro Portion:
479 kcal | 23 g E | 33 g F | 20 g KH | 8 g BS

Papaya mit Frischkäsecreme

FÜR 1 PERSON

Zubereitung 15 Minuten

1 EL Cashewkerne
½ Bio-Limette
½ reife Papaya (ca. 200 g)
200 g körniger Frischkäse
2 TL Walnussöl
flüssiger Süßstoff nach Belieben
Kakaopulver (stark entölt) zum Bestäuben

1 Die Cashewkerne hacken und in einer Pfanne ohne Fett goldbraun anrösten. Vom Herd nehmen. Die Limette mit heißem Wasser waschen und abtrocknen. Die Schale fein abreiben und die Limette auspressen.

2 Die Kerne aus der Papayahälfte mit einem Teelöffel herausschaben. Die Frucht schälen, längs in Spalten schneiden und auf einem großen Teller dekorativ anrichten. Mit 1 EL Limettensaft beträufeln.

3 Den Frischkäse mit dem Walnussöl und etwas Limettenschale cremig rühren. Nach Belieben mit etwas Süßstoff abschmecken. Den Frischkäse-Mix in die Mitte der Papaya geben und mit den gerösteten Cashewkernen bestreuen. Fein mit Kakaopulver bestäuben.

Nährwerte pro Portion:
514 kcal | 31 g E | 32 g F | 14 g KH | 4 g BS

Tipp Die zweite Papayahälfte mit Folie abgedeckt ins Gemüsefach legen. Am nächsten Tag für die Fenchelrohkost mit Bündner Fleisch (S. 150) verwenden.

Beerenschmand mit Honig-Mandeln

FÜR 1 PERSON

Zubereitung 10 Minuten

1 EL Mandelblättchen
1 TL flüssiger Honig
100 g Schmand
2 EL Crème fraîche
1 Msp. gemahlene Naturvanille (Reformhaus)
flüssiger Süßstoff nach Belieben
je 40 g Himbeeren und Brombeeren

INFO Gemahlene Vanille aus getrockneten Schoten ist im Reformhaus und in gut sortierten Lebensmittelläden erhältlich. Es ist zwar nicht ganz billig, lässt sich aber sparsam wie ein Gewürz verwenden.

1 Die Mandeln in einer kleinen Pfanne ohne Fett in 5 Min. goldbraun rösten. Vom Herd nehmen, den Honig dazugeben und untermischen. Die Mandeln abkühlen lassen.

2 Den Schmand mit der Crème fraiche verrühren, mit Vanille und Süßstoff nach Belieben abschmecken. Die Schmandcreme in eine kleine Schüssel füllen. Die Himbeeren und Brombeeren nur wenn nötig kurz abbrausen, verlesen und auf der Creme verteilen. Die abgekühlten Honig-Mandeln obenauf geben.

Nährwerte pro Portion:
474 kcal | 6 g E | 42 g F | 17 g KH | 5 g BS

Tipp Der fruchtig-frische Beerenschmand schmeckt auch prima als Nachtisch nach einer kohlenhydratarmen Mahlzeit.
Wer tiefgekühlte Beeren verwendet, lässt sie am besten im Kühlschrank über Nacht auftauen.

Kiwi mit Ingwer-Ricotta

FÜR 1 PERSON

Zubereitung 10 Minuten

1 kleine reife Kiwi
100 g Ricotta
2 EL Sahne
1 TL Zitronensaft
1 haselnussgroßes Stück Ingwer
flüssiger Süßstoff nach Belieben
1 Zweig Zitronenmelisse zum Garnieren

INFO Ricotta ist ein fettarmer mildsäuerlicher Frischkäse aus Kuh-, Schafs- oder Büffelmilchmolke. Er ist fester als Quark und als eiweißreiche Basis sowohl für süße als auch für herzhafte Speisen geeignet.

1 Die Kiwi dünn schälen, der Länge nach in Spalten schneiden und auf einem Teller blütenförmig anrichten.

2 Den Ricotta mit der Sahne und dem Zitronensaft glatt verrühren. Den Ingwer schälen, fein reiben und untermischen. Die Creme nach Belieben mit Süßstoff abschmecken. In die Mitte des Tellers geben und mit einigen Blättern Zitronenmelisse garnieren.

Nährwerte pro Portion:
278 kcal | 11 g E | 22 g F | 6 g KH | 1 g BS

Tipp Am besten reibt man den Ingwer auf einer Zitronen- oder Muskatreibe fein. Wer Ingwer liebt und öfter einmal asiatisch kocht, für den lohnt sich auch die Anschaffung einer speziellen Ingwerreibe.

Heidelbeer-Shake

FÜR 1 PERSON

Zubereitung 10 Minuten

60 g Heidelbeeren
2 TL Zitronensaft
1 EL feine Dinkelkleie
150 ml Buttermilch
2 EL Sahne
flüssiger Süßstoff nach Belieben
Außerdem: 1 dicker Trinkhalm

1 Die Heidelbeeren kurz abbrausen und verlesen. Mit Zitronensaft, Kleie und Buttermilch im Mixer oder mit dem Pürierstab fein zerkleinern.

2 Die Sahne zufügen, mit Süßstoff süßen und alles nochmals kurz durchmixen.

3 Den Drink in ein hohes Glas gießen und mit einem dicken Trinkhalm servieren.

Nährwerte pro Portion:
160 kcal | 8 g E | 8 g F | 12 g KH | 7 g BS

Tipp Für einen kühlen cremigen Drink, auch Smoothie genannt, statt der frischen Heidelbeeren TK-Beeren verwenden: 10 Minuten antauen lassen, dann pürieren.

Kirsch-Kokos-Drink

FÜR 1 PERSON

Zubereitung 15 Minuten

80 g TK-Schattenmorellen, entsteint
1 EL feine Kokosraspel
150 ml ungesüßte Kokosmilch (Dose)
5 EL Milch
1–2 TL Limettensaft
flüssiger Süßstoff nach Belieben

1 Die Kirschen 10 Min. antauen lassen. Dann mit Kokosraspeln und Kokosmilch im Mixer oder mit dem Pürierstab cremig pürieren.

2 Milch und Limettensaft dazugeben, nach Belieben mit Süßstoff abschmecken und nochmals alles kurz und kräftig durchmixen. Die Mischung in ein hohes Glas füllen und sofort servieren.

Nährwerte pro Portion:
136 kcal | 3 g E | 8 g F | 10 g KH | 2 g BS

Tipp Wer möchte, kann noch 2 TL Kokosraspel in einer kleinen beschichteten Pfanne ohne Fett anrösten und auf den Drink streuen.

Avocado-Lassi

FÜR 1 PERSON

Zubereitung 10 Minuten

4 Stiele Basilikum
½ kleine reife Avocado
1 EL Limettensaft
1 TL Fruchtzucker
150 g Joghurt
1 EL Erdmandelflocken (Chufas; Reformhaus)
5 EL kohlensäurearmes Mineralwasser

1 Die Basilikumblätter von den Stielen zupfen, 2 Blätter für die Dekoration beiseitelegen und die übrigen grob hacken.

2 Die Avocado entkernen, schälen und grob zerteilen. Sofort mit dem Limettensaft beträufeln und mit den übrigen Zutaten im Mixer oder mit dem Pürierstab sehr fein pürieren.

3 Den Lassi in ein großes Glas gießen und mit dem übrigen Basilikum garnieren.

Nährwerte pro Portion:
403 kcal | 8 g E | 34 g F | 16 g KH | 10 g BS

Tipp Den Joghurt zur Abwechslung durch Kefir oder Buttermilch ersetzen.

Mango-Tofu-Drink

FÜR 1 PERSON

Zubereitung 15 Minuten

80 g reife Mango
1 TL abgeriebene Schale von einer Bio-Orange
2 EL Orangensaft
1 EL Zitronensaft
125 g Seidentofu (Reformhaus)
½ TL gemahlener Ingwer
3 zerstoßene Eiswürfel
flüssiger Süßstoff nach Belieben
Außerdem: 1 dicker Trinkhalm

1 Das Mangostück schälen, würfeln, mit der Orangenschale und dem Orangen- und Zitronensaft im Mixer oder mit dem Pürierstab fein pürieren. Das Mangomus in ein hohes Glas geben.

2 Tofu, Ingwer und Eiswürfel fein pürieren und nach Belieben mit Süßstoff süßen. Die Tofumasse vorsichtig auf das Mangopüree geben. Den Drink mit einem dicken Trinkhalm servieren.

Nährwerte pro Portion:
151 kcal | 11 g E | 6 g F | 12 g KH | 2 g BS

Aprikosen-Quark-Aufstrich

FÜR 2 PERSONEN

Zubereitung 15 Minuten

2 EL Kokosraspel
160 g Speisequark
2 EL Sahne
1 TL Vanille-Rohrohrzucker
½ TL abgeriebene Schale von einer Bio-Zitrone
2 reife Aprikosen (ca. 150 g)
6 Minzeblätter
2 Scheiben Protein-Leinsamenbrot (S. 168; à ca. 50 g)

Tipp Außerhalb der Aprikosensaison können Sie nach diesem Rezept auch einen Orangenaufstrich zubereiten.

1 Die Kokosraspel in einer Pfanne ohne Fett goldbraun rösten, vom Herd nehmen und abkühlen lassen.

2 Den Quark mit der Sahne, Vanillezucker und Zitronenschale verrühren. Die Aprikosen waschen, halbieren, den Stein entfernen und 4 Spalten zum Garnieren abschneiden. Die übrigen Aprikosen in kleine Würfel schneiden und unter den Quark mischen.

3 Die Minzeblätter vorsichtig abreiben, 4 davon in feine Streifen schneiden und mit der Hälfte der Kokosraspel unter die Quarkcreme heben.

4 Die Brote nach Belieben halbieren, die Aprikosencreme dick daraufstreichen und mit den restlichen Kokosraspeln bestreuen. Mit den übrigen Minzeblättern garnieren.

Nährwerte pro Portion:
356 kcal | 16 g E | 22 g F | 22 g KH | 7 g BS

Ricotta-Mandel-Creme mit Himbeeren

FÜR 2 PERSONEN

Zubereitung 10 Minuten

60 g Himbeeren
1 TL Vanille-Rohrohrzucker
2 EL Ricotta
2 TL Mandelmus (Reformhaus)
2 Scheiben Protein-Leinsamenbrot (S. 168; à ca. 50 g)
2 Riegel Bitterschokolade (10 g; mind. 70 % Kakaoanteil)

INFO Mit Bitterschokolade können Sie ruhig mal die Lust auf Süßes stillen. Sie sollte aber mindestens 70 % Kakaoanteil haben, damit sie den Blutzucker niedrig hält.

1 Die Himbeeren nur wenn nötig abbrausen und abtropfen lassen, dann verlesen. Mit dem Zucker bestreuen und mit einer Gabel fein zerdrücken.

2 Den Ricotta mit dem Mandelmus und dem Himbeerpüree vermischen. Die Brote damit bestreichen. Schokolade fein hacken und darüberstreuen.

Nährwerte pro Portion:
224 kcal | 9 g E | 11 g F | 22 g KH | 7 g BS

Tipp Auch wenn Sie solo frühstücken, lohnt es sich, von dem Aufstrich die doppelte Menge zuzubereiten. Die zweite Hälfte abgedeckt in den Kühlschrank stellen und am nächsten Tag genießen.
Probieren Sie den Aufstrich auch mit anderen Beeren, z. B. Erdbeeren, Brombeeren, Johannisbeeren, oder nehmen Sie eine aufgetaute TK-Beerenmischung.

Vanille-Rührei mit Beeren

FÜR 1 PERSON

Zubereitung 15 Minuten

1 EL Pistazienkerne
2 Eier
3 EL Sahne
flüssiger Süßstoff nach Belieben
Salz
1 Msp. gemahlene Naturvanille (Reformhaus)
80 g gemischte Beeren, z. B. Brombeeren, Himbeeren oder Johannisbeeren
1 TL Ahornsirup
2 TL Butter
2–3 Blätter Zitronenmelisse zum Garnieren

1 Die Pistazien fein hacken. Eier, Sahne, nach Belieben einige Spritzer Süßstoff, 1 Prise Salz und Vanillepulver gründlich verquirlen. Die Pistazien unterheben. Die Beeren wenn nötig kurz abbrausen, abtropfen lassen und verlesen. Mit dem Ahornsirup beträufeln.

2 Die Butter in einer kleinen beschichteten Pfanne zerlassen. Die Eiersahne hineingießen, bei schwacher Hitze in 4–5 Min. stocken lassen, dabei mit einem Pfannenwender von außen nach innen zusammenschieben. Das Rührei mit den Beeren anrichten, mit Zitronenmelisse garnieren.

VARIANTE Die Eiermasse in der Pfanne als Omelett stocken lassen. 2 EL Speisequark mit 1 EL Mineralwasser verrühren. Die gesüßten Beeren unterheben. Die Creme auf eine Omelettehälfte geben, umklappen und servieren.

Nährwerte pro Portion:
436 kcal | 17 g E | 35 g F | 14 g KH | 4 g BS

Pancakes mit Apfel und Zimtcreme

FÜR 1 PERSON

Zubereitung 20 Minuten

2 EL feines Dinkelvollkornmehl
1 EL Erdmandelflocken (Reformhaus)
½ TL Weinstein-Backpulver (Reformhaus)
75 ml Buttermilch
1 TL Rohrohrzucker
Salz
1 kleines Ei
2 TL Butterschmalz
1/4 säuerlicher Apfel (ca. 50 g)
1 TL Zitronensaft
2 EL Crème fraîche
Zimtpulver zum Bestäuben

1 Mehl, Erdmandelflocken und Backpulver mischen. Mit Buttermilch, Zucker, 1 Prise Salz und dem Ei verrühren. In einer großen beschichteten Pfanne das Schmalz erhitzen. 6 esslöffelgroße Portionen hineingeben und bei mittlerer Hitze 2 Min. backen. Sobald die Oberfläche gestockt ist, die Pancakes wenden und in 2–3 Min. fertig backen.

2 Inzwischen das Apfelstück waschen, entkernen und in schmale Spalten schneiden. Sofort mit dem Zitronensaft beträufeln. Die Pancakes mit den Apfelspalten und der Crème fraîche anrichten. Mit Zimtpulver fein bestäuben.

VARIANTE Für **Apfel-Pancakes** das Apfelstück schälen, entkernen und grob raspeln. Sofort mit dem Zitronensaft beträufeln, damit sie nicht braun werden, und unter den Teig heben. Die Pancakes wie im Rezept beschrieben backen.

Nährwerte pro Portion:
457 kcal | 13 g E | 31 g F | 32 g KH | 4 g BS

Amaranth-Quark-Müsli

FÜR 1 PERSON

Zubereitung 15 Minuten

1 EL Sesamsamen
2 EL Amaranth-Pops (Reformhaus)
1 EL geschroteter Leinsamen
1 Stück Honigmelone (ca. 120 g)
150 g Speisequark
2 EL Sahne
Zimtpulver
flüssiger Süßstoff nach Belieben

INFO Das Amaranth-Korn wird aufgepoppt, ähnlich wie aus Mais Popcorn gemacht wird. Dadurch können die wertvollen Inhaltsstoffe (hochwertiges Eiweiß, leicht verdauliche Kohlenhydrate, Magnesium und Eisen) besser vom Körper aufgenommen werden.

1 Den Sesam in einer beschichteten Pfanne ohne Fett leicht rösten, vom Herd nehmen und etwas abkühlen lassen. Dann mit den Amaranth-Pops und dem Leinsamen vermischen.

2 Die Melone schälen, entkernen und in kleine Stücke schneiden. Quark, Sahne und etwas Zimt cremig rühren, mit Süßstoff abschmecken. Zwei Drittel der Amaranth-Mischung unterheben. Den Nuss-Quark in eine Schale geben, die Melonenstücke darauflegen. Mit den Ölsamen und dem übrigen Amaranth-Mix bestreuen.

Nährwerte pro Portion:
487 kcal | 24 g E | 33 g F | 24 g KH | 6 g BS

Tipp Den Sesam am besten gleich in der drei- bis vierfachen Menge anrösten, mit Amaranth-Pops und Leinsamen mischen und in einer Vorratsdose aufbewahren. So haben Sie morgens ruck, zuck ein Müsli fertig.

Buttermilch-Kaltschale mit Mandarine

FÜR 1 PERSON

Zubereitung 10 Minuten

1 EL gehackte Kürbiskerne
1 Mandarine
2 EL Limettensaft
2 EL Speisequark
250 ml kalte Buttermilch
1 EL kernige Vollkorn-Haferflocken
flüssiger Süßstoff nach Belieben

Tipp Je nach Saison und Angebot können Sie die Mandarine durch andere Früchte wie Feigen, Aprikosen, Nektarinen oder Pfirsiche ersetzen.

1 Die Kürbiskerne in einer trockenen Pfanne rösten, bis sie duften. Vom Herd nehmen und abkühlen lassen.

2 Die Mandarine schälen, in Spalten teilen und die Haut vorsichtig entfernen. Zwei Drittel der Mandarinenstücke mit dem Limettensaft, dem Quark und der Buttermilch im Mixer oder mit dem Stabmixer fein pürieren. Haferflocken unterrühren und das Ganze nach Belieben mit Süßstoff abschmecken.

3 Die Kaltschale in einem tiefen Teller anrichten, die übrigen Mandarinenstücke hineingeben und die gerösteten Kürbiskerne obenauf streuen.

Nährwerte pro Portion:
242 kcal | 15 g E | 9 g F | 23 g KH | 3 g BS

Feta-Frühstück

FÜR 1 PERSON

Zubereitung 10 Minuten

3 kleine Strauchtomaten
1 kleine Bio-Minigurke
Salz, schwarzer Pfeffer
60 g Feta
4 schwarze Oliven
2 TL Zitronensaft
2 TL Olivenöl
Chiliflocken nach Belieben

1 Die Tomaten waschen, vom Stielansatz befreien und in Scheiben schneiden. Die Gurke gut waschen, abtrocknen, streifig schälen und ebenfalls in Scheiben schneiden. Gurken- und Tomatenscheiben abwechselnd überlappend auf einem Teller anrichten, leicht mit Salz und Pfeffer würzen.

2 Den Feta in Würfel schneiden und mit den Oliven neben dem Gemüse anrichten. Zitronensaft, Salz, Pfeffer und Olivenöl verrühren, darüberträufeln. Nach Belieben mit einigen Chiliflocken bestreuen.

Nährwerte pro Portion:
292 kcal | 14 g E | 22 g F | 8 g KH | 3 g BS

Tipp Der mediterrane Gemüseteller schmeckt im Sommer auch prima als kleines Zwischengericht. Wer möchte, kann dazu noch 1 Scheibe Protein-Leinsamenbrot (S. 168) oder Dinkel-Nuss-Brot (S. 170) essen.

Birne mit Gorgonzolacreme

FÜR 1 PERSON

Zubereitung 20 Minuten

1 EL gehackte Haselnüsse
½ Birne (ca. 75 g)
1 EL Zitronensaft
Salz, schwarzer Pfeffer
40 g Gorgonzola
2 EL Frischkäse
1 Radicchioblatt

Tipp Birne mit Gorgonzola schmeckt nicht nur zum Frühstück, sondern ist anstelle eines Desserts auch ein erfrischender Menü-Abschluss.

1 Die Haselnüsse in einer Pfanne ohne Fett goldbraun rösten, herausnehmen und abkühlen lassen.

2 Die Birnenhälfte waschen, halbieren, entkernen und längs in dünne Scheiben schneiden. Auf einem Teller anrichten und sofort mit dem Zitronensaft beträufeln, damit sie nicht braun werden. Etwas salzen und pfeffern.

3 Den Gorgonzola mit einer Gabel zerdrücken und mit dem Frischkäse verrühren. Leicht mit Salz und Pfeffer abschmecken. Mit zwei angefeuchteten Teelöffeln Nocken abstechen und auf den Birnenspalten anrichten. Das Radicchioblatt waschen, trocken tupfen, in sehr feine Streifen schneiden und obenauf streuen. Mit den gerösteten Haselnüssen bestreuen.

Nährwerte pro Portion:
295 kcal | 14 g E | 21 g F | 12 g KH | 4 g BS

Avocado-Grapefruit-Salat

FÜR 1 PERSON

Zubereitung 20 Minuten

1 EL Pinienkerne
½ rosa Grapefruit (ca. 180 g)
Salz, schwarzer Pfeffer
2 TL Walnussöl
½ reife Avocado (ca. 150 g)
20 g Scarmorza (geräucherter Mozzarella)

Tipp Auch fein: statt dem geraffelten Scarmorza 50 g Ziegenfrischkäse zerkrümeln und obenauf streuen.

1 Die Pinienkerne in einer heißen Pfanne ohne Fett goldbraun rösten. Vom Herd nehmen und abkühlen lassen.

2 Inzwischen die Grapefruithälfte schälen, dabei die weiße Haut vollständig entfernen. Das Fruchtfleisch aus den Trennhäutchen lösen, dabei den Saft auffangen. 1 EL Grapefruitsaft, Salz, Pfeffer und Walnussöl verrühren. Von der Avocado den Kern entfernen, das Fruchtfleisch mit einem großen Löffel aus der Schale heben und längs in dünne Scheiben schneiden.

3 Grapefruit- und Avocadospalten auf einem Teller dekorativ anrichten. Den Scarmorza grob raffeln und darüberstreuen. Die Pinienkerne obenauf streuen.

BEILAGENEMPFEHLUNG: 1 Scheibe Frischkorn-Dinkel-Toast (Reformhaus; etwa 25 g)

Nährwerte pro Portion:
510 kcal | 8 g E | 47 g F | 12 g KH | 9 g BS

Feigen mit Schinken und Ziegenkäse

FÜR 1 PERSON

Zubereitung 10 Minuten

2 reife Feigen
1 kleiner Ziegenfrischkäse (ca. 30 g, z. B. Picandou)
2 TL Aceto balsamico
Salz, schwarzer Pfeffer aus der Mühle
3 Scheiben Serranoschinken (40 g)
2 Stiele Basilikum

1 Die Feigen vorsichtig waschen, abtrocknen und längs in Sechstel schneiden. Mit dem Ziegenkäse auf einem Teller anrichten. Den Balsamessig darüberträufeln, mit wenig Salz würzen und mit Pfeffer übermahlen.

2 Die Schinkenscheiben daneben anrichten. Die Basilikumblätter abzupfen und obenauf streuen.

BEILAGENEMPFEHLUNG: 1 Scheibe Dinkel-Nuss-Brot (S. 170, etwa 50 g)

Nährwerte pro Portion:
192 kcal | 14 g E | 10 g F | 10 g KH | 1 g BS

Tipp Auch Erdbeeren harmonieren gut mit dem Schinken-Käse-Teller. Wer möchte, kann 1 Feige durch 2–3 Erdbeeren ersetzen. Diese dann abbrausen, entstielen und halbieren.

Mariniertes Roastbeef mit Tomaten und Ei

FÜR 1 PERSON

Zubereitung 15 Minuten

1 Ei
100 g Kirschtomaten
100 g Roastbeef in dünnen Scheiben
1 TL Zitronensaft
Salz, schwarzer Pfeffer
2 TL kalt gepresstes Rapsöl
1 EL Schnittlauchröllchen
3 TL Crème fraîche

Tipp Das marinierte Roastbeef können Sie auch als kleines, leichtes Abendessen genießen – dann aber ohne Brot.

1 Das Ei in 10 Min. hart kochen, dann mit kaltem Wasser abschrecken und abkühlen lassen.

2 Inzwischen die Kirschtomaten waschen, halbieren und auf einem Teller mit den Roastbeefscheiben anrichten. Den Zitronensaft, Salz, Pfeffer und das Rapsöl gut verrühren und darüberträufeln.

3 Das Ei pellen und hacken. Mit den Schnittlauchröllchen über das Roastbeef streuen. Mit Crème fraîche anrichten.

Nährwerte pro Portion:
435 kcal | 31 g E | 33 g F | 4 g KH | 1 g BS

BEILAGENEMPFEHLUNG: 1 Scheibe Protein-Leinsamenbrot (S. 168; ca. 50 g)

Tipp Als preiswertere Alternative zum Roastbeef-Aufschnitt bietet sich Rindersaftschinken an.

Schinken-Röllchen auf Rucola

FÜR 1 PERSON

Zubereitung 15 Minuten

80 g Mozzarella
½ kleine gelbe Paprikaschote
3 Scheiben gekochter Schinken (à ca. 30 g)
Salz, schwarzer Pfeffer
3 TL Olivenöl
½ Beet Kresse
1 Handvoll Rucola

Tipp Die Röllchen eignen sich auch als kleines Schmankerl, wenn Gäste kommen. Dazu die Mengen entsprechend vervielfachen.

1 Mozzarella in dünne Scheiben schneiden. Paprika waschen, putzen, entkernen und in feine Streifen schneiden.

2 Die Schinkenscheiben auf der Arbeitsfläche ausbreiten und jeweils der Länge nach übereinander schlagen. Mozzarella auf die Mitte der Schinkenscheiben verteilen. Mit Salz, Pfeffer und Olivenöl beträufeln. Kresse vom Beet schneiden, mit der Paprika auf dem Schinken verteilen.

3 Den Schinken fest um die Paprika wickeln. Rucola waschen, putzen und trocken schleudern. Auf einem Teller verteilen und die Schinkenröllchen darauflegen.

Nährwerte pro Portion:
473 kcal | 37 g E | 35 g F | 3 g KH | 3 g BS

Tipp Wer die Schinkenröllchen abends servieren möchte, kann den Rucola noch mit einer Vinaigrette aus 2 TL Essig, Salz, Pfeffer und 1 EL Olivenöl anmachen.

Gemüse-Power-Shake

FÜR 1 PERSON

Zubereitung 10 Minuten

1 Bio-Minigurke (ca. 100 g)
Meersalz
2 TL Zitronensaft
1 rote oder orangefarbene Mini-Spitzpaprikaschote
150 ml kalter Kefir
1 EL Hefeflocken
1 TL Leinöl
3 Zweige Dill
schwarzer Pfeffer

INFO Mit täglich 1 TL Leinöl versorgen Sie Ihren Körper ausreichend mit der essenziellen, dreifach ungesättigten Fettsäure Linolensäure.

1 Die Gurke waschen, abtrocknen und streifig schälen. Einen Schalenstreifen zum Garnieren beiseitelegen. Die Gurke längs halbieren, die Kerne mit einem Löffel herauskratzen, und die Hälften in dünne Scheiben schneiden. Mit Salz bestreuen und mit Zitronensaft beträufeln, 5 Min. ziehen lassen.

2 Inzwischen die Paprika waschen, putzen, längs halbieren, entkernen und sehr klein würfeln. Paprikawürfel und Gurkenscheiben mit der gezogenen Flüssigkeit und dem Kefir im Mixer oder mit dem Stabmixer fein pürieren.

3 Hefeflocken und Leinöl dazugeben. Dill abbrausen, abzupfen und bis auf ein Zweiglein ebenfalls hinzufügen. Mit Salz und Pfeffer würzen und alles nochmals kurz und kräftig durchmixen. Den Drink in ein hohes Glas gießen, mit dem Schalenstreifen garnieren.

Nährwerte pro Portion:
217 kcal | 12 g E | 11 g F | 16 g KH | 7 g BS

Aprikosen-Tomaten-Drink

FÜR 1 PERSON

Zubereitung 10 Minuten

1 reife Aprikose
2 TL Limettensaft
5 Basilikumblätter
75 ml Tomatensaft
100 ml Buttermilch
Salz
2–3 Spritzer Tabasco
Außerdem: 1 dicker Trinkhalm

Tipp Ebenso fein und smoothy wird der Drink mit ½ kleinen reifen Avocado (ca. 100 g) anstelle der Aprikose.

1 Die Aprikose waschen, halbieren und den Stein entfernen. Das Fruchtfleisch klein schneiden, in eine hohe Rührschüssel geben und mit dem Limettensaft beträufeln. 4 Basilikumblätter abreiben, grob hacken und dazugeben. Den Tomatensaft dazugießen und alles im Mixer oder mit dem Stabmixer fein pürieren.

2 Die Buttermilch zugießen, mit Salz und Tabasco würzen und alles nochmals kurz durchmixen. Den Drink in ein hohes Glas abgießen und mit dem übrigen Basilikumblatt garnieren. Mit einem dicken Trinkhalm servieren.

Nährwerte pro Portion:
118 kcal | 4 g E | 1 g F | 22 g KH | 0 g BS

Schafkäse-Aufstrich

FÜR 2 PERSONEN

Zubereitung 15 Minuten

50 g Manouri (griechischer Schafkäse)
2 EL Speisequark
einige Stängel gemischte Kräuter, z. B. Kerbel, Basilikum, Petersilie
4 Walnusskerne
1 kleine Knoblauchzehe (nach Belieben)
Salz, schwarzer Pfeffer

1 Den Schafkäse mit einer Gabel zerdrücken und mit dem Quark glatt rühren. Kräuter waschen, trocken schütteln und die Blättchen abzupfen. Kräuter und Nüsse fein hacken. Zusammen unter die Käsecreme mischen.

2 Den Knoblauch schälen, fein würfeln und unterheben. Alles mit Salz und Pfeffer würzen.

Nährwerte pro Portion:
210 kcal | 7 g E | 19 g F | 3 g KH | 1 g BS

Tipp Die Schafkäsecreme auf eine Scheibe Brot streichen, mit Tomatenscheiben und Basilikumblättern belegen.

Thunfischcreme

FÜR 2 PERSONEN

Zubereitung 10 Minuten

60 g Thunfisch im eigenen Saft (Dose)
1 Schalotte
100 g Frischkäse
1 TL Aceto balsamico bianco
Salz, schwarzer Pfeffer
1 EL Schnittlauchröllchen

1 Den Thunfisch gut abtropfen lassen, dann fein hacken. Die Schalotte schälen und sehr fein würfeln. Schalottenwürfel und Thunfisch mit dem Frischkäse gut verrühren.

2 Die Creme mit dem Balsamessig, Salz und Pfeffer würzen. Auf einem Teller anrichten und mit den Schnittlauchröllchen bestreuen.

Nährwerte pro Portion:
113 kcal | 14 g E | 4 g F | 3 g KH | 0 g BS

Tipp Mit geräuchertem Forellenfilet statt Thunfisch schmeckt der Aufstrich auch sehr fein.

Avocadocreme

FÜR 2 PERSONEN

Zubereitung 15 Minuten

½ kleine reife Avocado (ca. 100 g)
1 EL Limettensaft
50 g Mascarpone
1 kleine Frühlingszwiebel
Salz, schwarzer Pfeffer
Cayennepfeffer
abgeriebene Bio-Limettenschale

1 Die Avocado entkernen, das Fruchtfleisch aus der Schale heben und grob zerteilen. Mit Limettensaft und Mascarpone glatt pürieren.

2 Die Frühlingszwiebel waschen, putzen und in ganz kleine Ringe oder Würfel schneiden, unter die Creme heben. Mit Salz, Pfeffer, Cayennepfeffer und der Limettenschale abschmecken.

Nährwerte pro Portion:
207 kcal | 2 g E | 21 g F | 1 g KH | 3 g BS

Paprika-Käse-Aufstrich

FÜR 2 PERSONEN

Zubereitung 10 Minuten

100 g Ricotta
2 EL frisch geriebener Parmesan
½ TL rosenscharfes Paprikapulver
Salz, schwarzer Pfeffer
je 1 kleine rote und grüne Mini-Spitzpaprikaschote

1 Ricotta und Parmesan cremig verrühren. Mit Paprikapulver, Salz und Pfeffer abschmecken.

2 Die Spitzpaprika waschen, putzen und halbieren. Die Hälften entkernen und in sehr kleine Würfel schneiden. Unter die Käsecreme mischen.

VARIANTE Für eine Art **bayerischen Obatzten** Ricotta und Parmesan durch 100 g reifen Camembert und 2 EL weiche Butter ersetzen.

Nährwerte pro Portion:
126 kcal | 7 g E | 9 g F | 2 g KH | 3 g BS

Tipp Die Creme aufs Brot streichen, mit einigen hauchfeinen Schalottenringen belegen und mit Paprikapulver bestäuben.

Tomaten-Mozzarella-Brötchen

FÜR 1 PERSON

Zubereitung 10 Minuten

1 Mandel-Quark-Brötchen (S. 171; ca. 50 g)
1 EL Tomatenmark
2 TL Olivenöl
Salz, schwarzer Pfeffer
2 kleine Strauchtomaten
60 g Mozzarella
4 Scheiben Geflügelsalami (ca. 20 g)
2 Basilikumblätter

1 Das Brötchen aufschneiden. Tomatenmark mit Olivenöl, Salz und Pfeffer verrühren und die Hälften damit bestreichen. Die Tomaten waschen und vom Blütenansatz befreien. Tomaten und Mozzarella in Scheiben schneiden.

2 Die Brötchenhälften mit je 2 Scheiben Salami belegen. Die Tomaten- und Mozzarellascheiben abwechselnd überlappend darauf verteilen. Mit Pfeffer übermahlen und mit je 1 Blatt Basilikum garnieren.

Nährwerte pro Portion:
456 kcal | 26 g E | 37 g F | 16 g KH | 3 g BS

Tipp Wer lieber mit Messer und Gabel frühstückt, richtet Tomaten, Mozzarella und Salami auf einem Teller an. Beides mit dem Olivenöl beträufeln, mit Salz und Pfeffer nach Belieben abschmecken und das Ganze mit dem Basilikum garnieren. Das Brötchen, mit Tomatenmark bestrichen, dazuessen.

Fitness-Quarkbrot

FÜR 1 PERSON

Zubereitung 10 Minuten

2 EL Speisequark
1 TL scharfer Senf
2 TL Milch
Salz
1 Scheibe Protein-Leinsamenbrot (S. 168; ca. 50 g)
1 Handvoll Rettich- oder Radieschensprossen (Kühlregal)
2 Radieschen
1 Scheibe Bergkäse (ca. 30 g)

1 Den Quark mit dem Senf, der Milch und Salz verrühren. Das Brot mit dem Senfquark bestreichen. Die Sprossen kurz abbrausen und abtropfen lassen. Ein paar Sprossen zum Garnieren beiseitelegen, den Rest auf den Quark streuen und leicht andrücken.

2 Die Radieschen waschen, putzen und in dünne Scheiben schneiden. Erst den Käse, dann die Radieschenscheiben auf das Brot legen. Mit den übrigen Sprossen bestreuen.

Nährwerte pro Portion:
343 kcal | 22 g E | 21 g F | 18 g KH | 5 g BS

INFO Sprossen aus Rettichsamen sind besonders scharf, was sie auch so gesund macht. Mit ihren Senfölen befreien Rettichkeimlinge die Atemwege und regen die Verdauung an. Ihre Wirkstoffe sollen sogar krebsvorbeugend sein. Wer es etwas milder möchte, nimmt stattdessen Radieschensprossen.

Bresaola- und Ziegenkäse-Brot mit Physalis

FÜR 1 PERSON

Zubereitung 10 Minuten

1 Scheibe Protein-Leinsamenbrot (S. 168; ca. 50 g)
1 TL scharfer Senf
2 TL Crème fraîche
2 Scheiben Bresaola (italienischer Rinderschinken; ca. 20 g)
1 Scheibe fester Ziegenkäse (ca. 20 g)
4 Physalis (siehe Tipp)
schwarzer Pfeffer aus der Mühle
2 Büschel Kresse zum Garnieren

1 Die Brotscheibe halbieren und erst mit Senf, dann mit Crème fraîche bestreichen. Eine Hälfte mit dem Bresaola-Schinken, die zweite Hälfte mit dem Käse belegen.

2 Die Physalis aus der Papierhülle lösen, quer halbieren und beide Brotscheiben mit je 4 Fruchthälften belegen. Mit schwarzem Pfeffer übermahlen und mit je einem Büschel Kresse garnieren.

Nährwerte pro Portion:
277 kcal | 18 g E | 15 g F | 18 g KH | 7 g BS

Tipp Kap-Stachelbeeren, wie die kugeligen, gelborangen Physalis auch heißen, werden hauptsächlich von Dezember bis Juni angeboten. In der übrigen Zeit einfach auf 1 Feige, in Spalten geschnitten, ausweichen.

Meerrettich-Lachs-Brot

FÜR 1 PERSON

Zubereitung 10 Minuten

2 EL Doppelrahm-Frischkäse (ca. 60 g)
1 TL geriebener Meerrettich (Glas)
Salz, schwarzer Pfeffer aus der Mühle
1 kleine Bio-Minigurke (ca. 100 g)
1 Scheibe Protein-Leinsamenbrot (S. 168; ca. 50 g)
2 Scheiben geräucherter Lachs (ca. 40 g)
etwas Dillspitzen zum Garnieren

1 Den Frischkäse mit dem Meerrettich glatt rühren und mit Salz und Pfeffer würzen. Die Gurke waschen, abtrocknen und in Scheiben schneiden.

2 Das Brot dick mit der Käsecreme bestreichen und mit der Hälfte der Gurkenscheiben überlappend belegen. Die Lachsscheiben locker darauflegen. Mit schwarzem Pfeffer übermahlen und mit Dillspitzen garnieren.

Nährwerte pro Portion:
458 kcal | 25 g E | 32 g F | 19 g KH | 6 g BS

Tipp Am Sonntag darf es zum Frühstück etwas Besonderes sein: Statt mit geräuchertem Lachs das Brot mit Nordseekrabben, Forellen- oder Lachskaviar belegen.

Ei-Schnittlauch-Creme auf Dinkeltoast

FÜR 1 PERSON

Zubereitung 20 Minuten

1 Ei
1 EL Mayonnaise
3 TL Schnittlauchröllchen
1 Frühlingszwiebel
Salz, schwarzer Pfeffer
2 Scheiben Dinkeltoastbrot
(à ca. 25 g; Reformhaus)

1 Das Ei in 10 Min. hart kochen, mit kaltem Wasser abschrecken und pellen. Zwei Scheiben vom Ei abschneiden, das übrige Ei fein hacken und mit der Mayonnaise und 2 TL Schnittlauchröllchen mischen.

2 Die Frühlingszwiebel waschen, putzen. Weiße und hellgrüne Anteile in sehr kleine Würfel schneiden und unter die Eiercreme heben. Mit Salz und Pfeffer würzen.

3 Das Dinkeltoastbrot toasten, mit der Eiercreme bestreichen und mit dem übrigen Schnittlauch bestreuen.

Nährwerte pro Portion:
311 kcal | 11 g E | 17 g F | 27 g KH | 3 g BS

Tipp Frisch und knackig schmeckt die Eiercreme auch mit 3 klein gewürfelten Radieschen oder 1 kleinen geraspelten Möhre anstelle der Frühlingszwiebel.

Krabben-Rührei

FÜR 1 PERSON

Zubereitung 10 Minuten

2 Eier
2 EL Sahne
Salz, schwarzer Pfeffer
2 TL Butter
1 Kopfsalatblatt
50 g Nordseekrabbenfleisch oder
Flusskrebsschwänze (Kühlregal)
1 Büschel Kresse zum Garnieren

1 Die Eier mit der Sahne verquirlen, mit Salz und Pfeffer würzen. Die Butter in einer kleinen beschichteten Pfanne zerlassen. Die Eiermasse hineingießen und bei milder Hitze stocken lassen, dabei mit einem Pfannenwender das Ei von außen nach innen zusammenschieben.

2 Das Salatblatt waschen, trocken schütteln und auf einem Teller anrichten. Das Rührei daraufgeben. Mit den Nordseekrabben oder Flusskrebsschwänzen belegen. Die Kresse über das Rührei streuen.

Nährwerte pro Portion:
348 kcal | 24 g E | 27 g F | 2 g KH | 1 g BS

Tipp Zum Rührei gibt es 1 Scheibe Protein-Leinsamenbrot (S. 168, ca. 50 g).
Mögen Sie keine Meeresfrüchte zum Frühstück? Dann kombinieren Sie das Rührei doch mit 50 g gewürfeltem rohem oder gekochtem Schinken!

Sesamomelett mit Shiitakepilzen

FÜR 1 PERSON

Zubereitung 20 Minuten

50 g Shiitakepilze
1 Frühlingszwiebel
1 haselnussgroßes Stück Ingwer
3 Zweige Koriandergrün
2 Eier
1 EL Sahne
3 TL Sojasauce (Tamari; Reformhaus)
1 ½ EL Öl
2 TL Sesamsamen
schwarzer Pfeffer

1 Die Pilze putzen und die Stiele entfernen, die Kappen halbieren. Frühlingszwiebel waschen, putzen und in Ringe schneiden. Ingwer schälen und fein würfeln. Koriander waschen, trocken schütteln und die Blättchen abzupfen.

2 Backofen auf 100° (Umluft 80°) vorheizen. Die Eier mit Sahne und 1 TL Sojasauce verrühren. ½ EL Öl in einer kleinen beschichteten Pfanne (Ø 24 cm) erhitzen. Sesam darin goldbraun braten. Die Eiermasse darübergießen, bei schwacher Hitze in 3 Min. stocken lassen. Das Omelett wenden, noch 2 Min. backen. Im Backofen warm halten.

3 Die Pilze mit dem übrigen Öl bei hoher Hitze unter Wenden 1–2 Min. braten. Frühlingszwiebeln und Ingwer dazugeben und 1 Min. mitbraten. Mit der übrigen Sojasauce beträufeln und pfeffern. Das Pilzgemüse auf dem Omelett anrichten und mit dem Koriandergrün bestreuen.

Nährwerte pro Portion:
435 kcal | 19 g E | 35 g F | 10 g KH | 3 g BS

Spiegelei auf Tatar

FÜR 1 PERSON

Zubereitung 15 Minuten

120 g Tatar (Beefsteak)
1 Eigelb
1 Schalotte
2 TL kleine Kapern
1 TL scharfer Senf
Salz, schwarzer Pfeffer
2 Kopfsalatblätter
1 Gewürzgurke
1 TL Butter
1 Ei
1 EL Schnittlauchröllchen

1 Tatar und Eigelb in eine Schüssel geben. Die Schalotte schälen und fein würfeln. Die Kapern hacken. Schalotten und Kapern mit dem Senf zum Fleisch geben und alles kräftig vermischen. Mit Salz und Pfeffer würzen.

2 Salatblätter waschen, putzen und trocken schütteln. Grob zerpflücken und auf einen Teller geben. Das Tatar zu einem Burger formen und auf dem Salat anrichten. Gurke längs in dünne Scheiben schneiden, dazulegen.

3 Die Butter in einer kleinen beschichteten Pfanne erhitzen. Das Ei darin zum Spiegelei braten, salzen und pfeffern. Auf dem Tatar anrichten, mit Schnittlauch bestreuen.

Nährwerte pro Portion:
372 kcal | 39 g E | 22 g F | 5 g KH | 1 g BS

Tipp Dazu 1 Scheibe Protein-Leinsamenbrot (S. 168; ca. 50 g) reichen.

Sellerie-Pommes mit Mascarpone-Dip

FÜR 1 PERSON

Zubereitung 35 Minuten

250 g Knollensellerie, Salz
80 g Mascarpone
2 EL Milch
1 TL Limettensaft
abgeriebene Bio-Limettenschale
Cayennepfeffer
1 Frühlingszwiebel
4 EL fein gemahlene Pecannüsse
2 EL Dinkelvollkornmehl
1 Ei
schwarzer Pfeffer
Öl zum Frittieren
Limettenspalten zum Servieren

1 Sellerie putzen, schälen und erst in 1 cm dicke Scheiben, dann in 2 cm breite Stifte schneiden. In kochendem Salzwasser 2 Min. kochen lassen. Abgießen, abschrecken und abtropfen lassen. Inzwischen Mascarpone mit Milch, Limettensaft und -schale verrühren und mit Cayennepfeffer und Salz würzen. Frühlingszwiebel waschen, putzen, das Weiße und Hellgrüne fein würfeln und unterheben.

2 Nüsse und Mehl separat auf Teller geben. Ei mit Salz und Pfeffer in einem Teller verquirlen. Selleriestifte trocken tupfen und portionsweise nacheinander in Mehl, im Ei und in den Nüssen wenden. Das Öl in einem kleinen Topf erhitzen. Den Sellerie darin portionsweise je 3 Min. rundum goldbraun braten. Auf Küchenpapier abtropfen lassen. Warm stellen, bis alle Pommes fertig sind. Mit dem Mascarpone-Dip und Limettenspalten servieren.

Nährwerte pro Portion:
985 kcal | 21 g E | 90 g F | 24 g KH | 12 g BS

Auberginen-Piccata mit Tomatensauce

FÜR 1 PERSON

Zubereitung 40 Minuten

1 schlanke Aubergine (ca. 180 g)
Salz
1 kleine Zwiebel
1 kleine Knoblauchzehe
3 EL Olivenöl
2–3 Tomaten (ca. 200 g)
½ TL getrockneter Oregano
schwarzer Pfeffer
1 Ei
2 EL frisch geriebener Parmesan
2 EL Milch
1 EL Dinkelvollkornmehl
2 EL saure Sahne

1 Die Aubergine waschen, vom Blütenansatz befreien und in 1 cm breite Scheiben schneiden. Beidseitig salzen und 15 Min. ruhen lassen.

2 Inzwischen die Zwiebel und den Knoblauch schälen, fein würfeln und in 1 EL Olivenöl andünsten. Tomaten waschen und würfeln. Mit 2 EL Wasser und dem Oregano mischen. Bei milder Hitze 10 Min. offen kochen, gelegentlich umrühren. Die Sauce pürieren, salzen und pfeffern.

3 Das Ei mit Parmesan und Milch verquirlen. Auberginenscheiben trocken tupfen, beidseitig pfeffern und im Mehl wenden. Dann durch die Eier-Käse-Masse ziehen.

4 Das übrige Öl in einer beschichteten Pfanne erhitzen, die Auberginenscheiben darin in 5–6 Min. beidseitig goldgelb backen. Mit Sauce und der sauren Sahne servieren.

Nährwerte pro Portion:
533 kcal | 17 g E | 42 g F | 20 g KH | 7 g BS

Thai-Tofucurry mit Paksoi

FÜR 1 PERSON

Zubereitung 25 Minuten

150 g Baby-Paksoi
1 kleine gelbe Paprikaschote
150 g fester Tofu
1 Schalotte
1 Knoblauchzehe
1 EL Öl
1 TL rote Thai-Currypaste
100 ml Gemüsebrühe
5 EL ungesüßte Kokosmilch (Dose)
1 EL Fischsauce
Salz, 1–2 TL Limettensaft
½ gestr. TL (1 g) pflanzliches Bindemittel (Reformhaus; s. Info S. 182)
1 EL gehackte Cashewkerne

1 Den Paksoi waschen, der Länge nach je nach Größe halbieren oder vierteln. Die Paprikaschote waschen, putzen, entkernen und in 1,5 cm große Stücke schneiden. Tofu 2 cm groß würfeln. Schalotte und Knoblauchzehe schälen und in feine Scheiben schneiden.

2 Das Öl in einem Wok oder einer schweren Pfanne erhitzen. Tofu und Schalotten darin 2–3 Min. scharf anbraten. Die Paprikastücke dazugeben und 3 Min. mitbraten. Knoblauch und die Currypaste einrühren und kurz mitbraten. Mit Brühe und Kokosmilch auffüllen. Paksoi in den Sud legen und zugedeckt 3–4 Min. schmoren. Mit Fischsauce, wenig Salz und Limettensaft abschmecken und mit dem Bindemittel binden. Die Cashewkerne vor dem Servieren obenauf streuen.

Nährwerte pro Portion:
356 kcal | 20 g E | 22 g F | 19 g KH | 7 g BS

Asia-Pfanne mit Sojanudeln

FÜR 1 PERSON

Zubereitung 25 Minuten

40 g Soja-Spaghetti (Reformhaus)
Salz
100 g Brokkoliröschen
2 TL dunkles Sesamöl
1 kleine rote Paprikaschote
100 g Bambussprossen (Dose)
50 g Mungobohnensprossen
1 haselnussgroßes Stück Ingwer
1 EL Öl
2 EL Sojasauce (Tamari; Reformhaus)
1 EL Chilisauce
3–4 Zweige Koriandergrün
1 EL gehackte Erdnusskerne

1 Die Nudeln in kochendem Salzwasser etwa 5 Min. garen. Inzwischen den Brokkoli waschen, in kleine Röschen teilen und dazugeben. 1 Min. mitkochen. Alles abgießen und abtropfen lassen. Mit dem Sesamöl vermischen.

2 Paprika waschen, putzen und entkernen. Bambussprossen abtropfen lassen. Beides getrennt in Streifen schneiden. Mungobohnensprossen abbrausen und ebenfalls abtropfen lassen. Ingwer schälen und sehr fein würfeln.

3 Das Öl in einem Wok oder einer großen Pfanne erhitzen. Ingwer, Paprika und Bambussprossen darin 2–3 Min. unter Rühren braten. Nudeln, Brokkoli und Mungobohnensprossen zugeben und weitere 2–3 Min. pfannenrühren. Alles mit Sojasauce, Chilisauce und Salz würzen. Koriandergrün waschen und trocken schütteln, die Blättchen abzupfen und mit den Erdnüssen obenauf streuen.

Nährwerte pro Portion:
491 kcal | 33 g E | 29 g F | 26 g KH | 15 g BS

Kohlrabigemüse mit Sesam-Tofu

FÜR 1 PERSON

Zubereitung 25 Minuten

150 g fester Tofu
1 EL Sojasauce (Tamari; Reformhaus)
1 zarter Kohlrabi
1 EL Butter
5 EL Gemüsebrühe
1 EL Crème fraîche
1 EL heller Sesamsamen
1 EL Öl
Salz, schwarzer Pfeffer
1 TL Limettensaft
½ TL abgeriebene Schale von einer Bio-Limette

1 Den Tofu quer in 1–2 cm dicke Scheiben schneiden, mit der Sojasauce beträufeln. Kohlrabi putzen, schälen, zarte grüne Blätter beiseitelegen. Den Kohlrabi grob teilen, dann in dünne Scheiben schneiden. Diese in einem Topf in der Butter 3 Min. andünsten. Brühe dazugießen und alles zugedeckt bei mittlerer Hitze 5 Min. dünsten.

2 Die Crème fraîche einrühren, offen 3–5 Min. einkochen lassen. Inzwischen den Tofu trocken tupfen, rundum in dem Sesam wenden und fest andrücken. Das Öl in einer kleinen Pfanne erhitzen und die Tofuscheiben darin bei mittlerer Hitze von jeder Seite 2–3 Min. goldbraun braten.

3 Das Gemüse mit Salz, Pfeffer und Limettensaft würzen. Das Kohlrabigrün in sehr feine Streifen schneiden. Mit der Limettenschale mischen und über das Gemüse streuen. Sesam-Tofu mit dem Kohlrabigemüse anrichten.

Nährwerte pro Portion:
443 kcal | 18 g E | 37 g F | 10 g KH | 3 g BS

Tomaten-Pilze in Pergament

FÜR 1 PERSON

Zubereitung 20 Minuten
+ 20 Minuten Garen im Ofen

100 g kleine Egerlinge oder Champignons, 50 g Austernpilze
5 Kirschtomaten
1 Schalotte, 1 Knoblauchzehe
2 runde Ziegenfrischkäse
(à ca. 40 g)
1 TL gehackter Rosmarin
2 Zweige Thymian
schwarzer Pfeffer aus der Mühle
2 EL Olivenöl
Olivenöl zum Bestreichen, Salz
Außerdem: 2 Bögen Pergamentpapier (à ca. 50 x 40 cm)

1 Die Pilze putzen und abreiben, je nach Größe ganz lassen oder halbieren, Austernpilze in Stücke schneiden. Tomaten waschen und halbieren. Schalotte und Knoblauchzehe schälen und in Scheiben schneiden.

2 Ofen auf 200° (Umluft 180°) vorheizen. Das Pergamentpapier auf der Arbeitsfläche ausbreiten, mit Öl bestreichen und aufeinanderlegen. Pilze, Tomaten, Schalotten und Knoblauch darauf verteilen. Die Ziegenkäse auf das Gemüse setzen. Mit Rosmarin bestreuen, Thymian darauflegen und pfeffern. Mit 2 EL Öl beträufeln.

3 Das Papier über der Füllung falzen und an den Seiten wie Bonbons gut verschließen. Päckchen auf ein Blech legen. Im heißen Ofen (2. Schiene von unten) 15–20 Min. garen. Die Pergamentpäckchen ungeöffnet servieren. Erst nach dem Öffnen der Päckchen salzen.

Nährwerte pro Portion:
533 kcal | 17 g E | 48 g F | 5 g KH | 5 g BS

Kräuterseitlingsalat mit Paprika

FÜR 1 PERSON

Zubereitung 30 Minuten

125 g kleine Kräuterseitlinge
50 g Shiitakepilze
4 rote oder orangefarbene Mini-Spitzpaprikaschoten (oder 1 Paprikaschote)
1 Schalotte
1 Knoblauchzehe
1 EL Olivenöl
Salz, schwarzer Pfeffer
4 TL Zitronensaft
1 TL Traubenkernöl
1 Mini-Römersalat
2 EL Mayonnaise
1 TL scharfer Senf
½ Bund Schnittlauch

INFO Der Kräuterseitling gehört zu den Aufsteigern unter den Zuchtpilzen. Er ist mit dem Austernpilz verwandt, ähnelt aber optisch und geschmacklich eher dem Steinpilz: sein festes, weißes Fleisch schmeckt würzig-nussig und aromatisch, beim Garen bleibt es bissfest. Stiel und Hut kann man vollständig verwenden, Abfall gibt es kaum. Der Kräuterseitling eignet sich für Pilzgerichte jeder Art, zum Grillen ebenso wie zum Braten oder Marinieren. Er ist kalorienarm und eiweißreich und bewirkt durch seinen hohen Ballaststoffgehalt ein lang anhaltendes Gefühl der Sättigung.

1 Die Pilze abreiben, von den Shiitakepilzen die Stiele entfernen, die Hüte halbieren oder vierteln. Kräuterseitlinge quer halbieren. Die Spitzpaprika waschen, putzen und in Ringe schneiden, Kerne dabei entfernen. Schalotte und Knoblauch schälen und fein würfeln.

2 Eine große beschichtete Pfanne stark erhitzen, die Pilze darin ohne Fett 4–5 Min. braun braten. Das Öl hinzufügen. Paprika, Schalotten und Knoblauch zugeben und 2 Min. unter Wenden braten, salzen und pfeffern. Die Mischung in eine Schüssel geben. Mit 3 TL Zitronensaft und dem Traubenkernöl beträufeln und 5 Min. ziehen lassen.

3 Inzwischen den Salat waschen, trocken schütteln und in mundgerechte Stücke zupfen. Auf einen Teller legen. Mayonnaise, Senf, übrigen Zitronensaft, Salz und Pfeffer verrühren. Schnittlauch waschen, trocken schütteln, fein schneiden und bis auf 1 TL unter die Pilzmischung heben. Diese auf dem Salat verteilen. Die Mayonnaise dazu anrichten. Mit dem übrigen Schnittlauch bestreuen.

Nährwerte pro Portion:
478 kcal | 11 g E | 40 g F | 16 g KH | 9 g BS

VARIANTE **Avocado-Kräuterseitling-Salat**
1 reife Avocado halbieren, entkernen, schälen und in Spalten schneiden. 1 Frühlingszwiebel waschen, putzen und das Weiße und Hellgrüne in feine Ringe schneiden. 125 g Kräuterseitlinge putzen und grob zerteilen, in 1 EL Olivenöl 2 Min. unter Wenden braten, salzen und pfeffern. Avocado, Kräuterseitlinge und Frühlingszwiebeln auf einem Teller anrichten. 1 EL Weißweinessig, Salz, Pfeffer, 2–3 Spritzer Tabasco, 1 EL Olivenöl und 2 TL Walnussöl verrühren. Vinaigrette über dem Gemüse verteilen und mit schwarzem Pfeffer übermahlen.

Gazpacho mit Tomaten-Tofu

FÜR 1 PERSON

Zubereitung 25 Minuten

1 Bio-Minigurke (ca. 125 g)
½ kleine gelbe Paprikaschote
2 reife Strauchtomaten
250 ml Tomatensaft
1 ½ EL Olivenöl
1 EL Weißweinessig
Salz
Tabasco
100 g Tofu rosso (Reformhaus)
1 Knoblauchzehe
1 EL gehackte Petersilie

INFO Tofu rosso ist mit Oliven, Tomaten und Peperoni gewürzt.

1 Die Gurke waschen, streifig schälen, längs halbieren und entkernen. Paprika waschen, putzen und entkernen. Tomaten waschen, vom Stielansatz befreien. Jeweils ein Viertel des Gemüses klein würfeln und beiseitelegen.

2 Das übrige Gemüse grob zerkleinern, mit Tomatensaft, 1 EL Olivenöl und dem Essig in eine hohe Rührschüssel geben und mit dem Schneidstab fein pürieren. Mit Salz und einigen Spritzern Tabasco würzen und kalt stellen.

3 Inzwischen den Tofu in 1 cm große Würfel schneiden und im übrigen heißen Öl in einer kleinen beschichteten Pfanne von allen Seiten unter Wenden in 5 Min. goldbraun braten. Knoblauch schälen und dazudrücken. Petersilie untermischen. Die Suppe in einen tiefen Teller füllen und mit den Gemüse- und Tofuwürfeln bestreuen.

Nährwerte pro Portion:
334 kcal | 15 g E | 21 g F | 20 g KH | 8 g BS

Kräuterkaltschale mit Pastinaken-Croûtons

FÜR 1 PERSON

Zubereitung 20 Minuten

8–10 Stängel gemischte Kräuter, z. B. Petersilie, Basilikum, Dill, Kerbel
200 g Dickmilch, 5 EL Milch
1 Bio-Zitrone
Salz, schwarzer Pfeffer
rosenscharfes Paprikapulver
1 Pastinake (ca. 100 g)
2 TL Butter

Tipp Die Suppe lässt sich prima vorbereiten und ist daher für eine größere Gästerunde ideal.

1 Die Kräuter waschen und trocken schütteln. Die Blättchen abzupfen, ein paar zum Garnieren beiseitelegen, den Rest grob hacken, mit Dickmilch und Milch in einer hohen Rührschüssel fein pürieren. Die Zitrone heiß waschen und abtrocknen. Von einer Hälfte die Schale abreiben, den Saft auspressen. 2 TL Zitronensaft und ½ TL Zitronenschale unter das Kräuterpüree mischen. Mit Salz, Pfeffer und 1 Prise Paprika abschmecken. Abgedeckt kalt stellen.

2 Inzwischen die Pastinake putzen, schälen und in große Würfel schneiden. Butter in einer Pfanne erhitzen und die Pastinakenwürfel darin in 5 Min. goldbraun braten, zwischendurch wenden. Leicht salzen.

3 Die Suppe in einen tiefen Teller füllen. Die Pastinakenwürfel daraufgeben, mit den übrigen Kräutern bestreuen.

Nährwerte pro Portion:
237 kcal | 11 g E | 11 g F | 23 g KH | 3 g BS

Auberginen-Carpaccio mit Käsecreme

FÜR 1 PERSON

Zubereitung 20 Minuten

100 g Aubergine
Salz, schwarzer Pfeffer
2 EL Olivenöl
2 Eiertomaten
1 EL Aceto balsamico
2 EL Crème fraîche
1 EL Milch
1 TL scharfer Senf
2 EL geriebener Pecorino oder Parmesan
1 kleine Handvoll Rucola

1 Die Aubergine waschen, vom Blütenansatz befreien und in ½ cm dicke Scheiben schneiden. Mit Salz und Pfeffer würzen. Das Öl in einer großen beschichteten Pfanne erhitzen und die Auberginenscheiben darin in 5 Min. goldbraun braten. Auf Küchenpapier abtropfen lassen.

2 Tomaten waschen, quer in dünne Scheiben schneiden. Auberginen- und Tomatenscheiben dachziegelartig auf einem Teller anrichten, mit Salz, Pfeffer und Essig würzen.

3 Crème fraîche und Milch mit Senf und Pecorino oder Parmesan glatt rühren, salzen und pfeffern. Auf dem Carpaccio verteilen. Rucola waschen, trocken schütteln und grobe Stängel entfernen. Die Blätter darüberstreuen.

Nährwerte pro Portion:
394 kcal | 8 g E | 36 g F | 9 g KH | 4 g BS

Tipp Haben Sie von der Aubergine noch die Hälfte übrig? Dann planen Sie doch fürs nächste Mittagessen Auberginen-Piccata mit Tomatensauce (S. 77) ein.

Camembert mit Bärlauch-Vinaigrette

FÜR 1 PERSON

Zubereitung 25 Minuten inkl. Ziehen

1 runder Camembert (125 g)
1 kleine rote Zwiebel
1 EL Apfelessig, 1 EL Zitronensaft
1 TL scharfer Senf
Salz, schwarzer Pfeffer
1 EL Rapsöl, 1 TL Leinöl
3 Bärlauchblätter

Tipp Außerhalb der Bärlauch-Saison 1 TL Bärlauch-Pesto (Glas) unter die Vinaigrette rühren und den Käse mit 1 EL Schnittlauchröllchen bestreuen.

1 Den Camembert in Scheiben schneiden und auf einem Teller anrichten. Die Zwiebel schälen, halbieren und in dünne Ringe schneiden, über den Camembert streuen.

2 Essig und Zitronensaft mit Senf, Salz, Pfeffer sowie Raps- und Leinöl verrühren. Bärlauchblätter waschen und trocken schütteln, in sehr feine Streifen schneiden und unter die Vinaigrette mischen. Die Vinaigrette über dem Käse verteilen und 10 Min. ziehen lassen.

Nährwerte pro Portion:
422 kcal | 30 g E | 32 g F | 3 g KH | 1 g BS

BEILAGENEMPFEHLUNG: 1 Scheibe Protein-Leinsamenbrot (S. 168; etwa 50 g)

Topinambur-Salat mit Tofu-Dressing

FÜR 1 PERSON

Zubereitung 30 Minuten

250 g Topinambur
1 ½ EL Olivenöl
Salz, schwarzer Pfeffer
5 Radieschen
1 ½ EL Aceto balsamico bianco
50 g Feldsalat
80 g Seidentofu (Reformhaus)
2 EL Sahne
2 TL scharfer Senf
2 Büschel Kresse

INFO Topinambur enthalten keine Stärke wie Kartoffeln, sondern bis zu 16 % Inulin, ein stärkeähnliches Reservekohlenhydrat, das unter Einwirkung von Säuren und Enzymen in Fructose gespalten wird. Diese gelangt langsamer in die Blutbahn als Glucose, der Blutzuckerspiegel steigt verzögert und nur allmählich an.

1 Topinambur waschen, schälen und schräg in dünne Scheiben schneiden. 1 EL Olivenöl in einer Pfanne erhitzen und Topinamburscheiben darin in 7–8 Min. unter Wenden goldbraun braten. Vom Herd nehmen, mit Salz und Pfeffer würzen.

2 Die Radieschen waschen, putzen und vierteln. 1 EL Balsamessig, Salz und Pfeffer und das übrige Olivenöl verrühren. Die lauwarmen Topinamburscheiben und die Radieschen in der Vinaigrette wenden. Den Feldsalat gründlich waschen, trocken schütteln und verlesen.

3 Den Seidentofu, Sahne, Senf, übrigen Essig, Salz und Pfeffer mit dem Stabmixer fein pürieren. Den Feldsalat auf einem Teller anrichten, das marinierte Gemüse darauf verteilen und mit dem Tofu-Dressing überziehen. Mit der Kresse garnieren.

Nährwerte pro Portion:
370 kcal | 15 g E | 27 g F | 16 g KH | 27 g BS

INFO Topinambur schmecken angenehm nussartig, leicht süßlich und erinnern im Geschmack etwas an Artischocken. Sie sind von Oktober bis März in gut sortierten Gemüseläden und auf dem Markt erhältlich und sollten kühl und dunkel, am besten im Gemüsefach des Kühlschranks aufbewahrt werden. Denn die braunvioletten, spindelförmigen Knollen sind nicht gut lagerfähig. Leicht angewelkte Knollen können aufgefrischt werden, indem man sie einige Zeit in kaltes Wasser legt.

Pangasius mit Zitronenspinat

FÜR 1 PERSON

Zubereitung 20 Minuten

1 Schalotte
½ EL Butter
1 EL Pinienkerne
200 g Pangasiusfilet
Salz, schwarzer Pfeffer
1 EL Olivenöl
75 ml Hühnerbrühe
5 EL Sahne
½ gestr. TL (1 g) pflanzliches Bindemittel (Reformhaus; s. Info S. 182)
150 g Blattspinat (fertig geputzt und gewaschen; Frischtheke)
abgeriebene Bio-Zitronenschale

1 Die Schalotte schälen und fein würfeln. Die Butter in einer Pfanne zerlassen und die Schalotten und die Pinienkerne darin 2–3 Min. andünsten.

2 Inzwischen das Fischfilet abbrausen, trocken tupfen und in Streifen schneiden. Mit Salz und Pfeffer würzen. In einer beschichteten Pfanne das Öl erhitzen und die Fischstreifen darin 1–2 Min. braten.

3 Mit der Brühe ablöschen und die Sahne dazugießen. Das Bindemittel einrühren, leicht binden und mit Salz und Pfeffer abschmecken. Den Blattspinat zu der Pinien-Schalotten-Mischung geben, unterheben und 1–2 Min. dünsten, bis er zusammengefallen ist. Mit Salz, Pfeffer und abgeriebener Zitronenschale abschmecken. Zu dem Fischgeschnetzelten servieren.

Nährwerte pro Portion:
506 kcal | 29 g E | 41 g F | 6 g KH | 4 g BS

Rotbarbenfilets mit Gemüse-Quinoa

FÜR 1 PERSON

Zubereitung 35 Minuten

150 g Rotbarbenfilets (mit Haut; frisch oder TK und aufgetaut)
Salz, schwarzer Pfeffer
2 TL Zitronensaft
1 kleine Zwiebel
1 mittelgroße Möhre
1 kleine rote Paprikaschote
100 g Zucchini
2 EL Olivenöl
20 g Quinoa
100 ml Gemüsebrühe
rosenscharfes Paprikapulver
1 EL gehackte Petersilie

1 Die Rotbarbenfilets abbrausen, trocken tupfen, mit Salz, Pfeffer und Zitronensaft würzen. Zwiebel schälen und fein würfeln. Die Möhre schälen, Paprikaschote und Zucchini waschen und putzen. Alles klein würfeln. 1 EL Öl erhitzen und die Zwiebeln darin glasig dünsten. Quinoa heiß waschen, abtropfen und mit dem Gemüse dazugeben. Kurz andünsten, dann die Brühe zugießen. Aufkochen und zugedeckt bei milder Hitze 15 Min. garen.

2 Inzwischen übriges Öl erhitzen. Die Filets darin auf der Hautseite 2 Min. braten, wenden und in 2 Min. fertig braten. Das Gemüse mit Salz, Pfeffer und Paprikapulver würzen, mit dem Fisch anrichten und mit Petersilie bestreuen.

Nährwerte pro Portion:
506 kcal | 29 g E | 41 g F | 6 g KH | 4 g BS

Tipp Das bunte Gemüse schmeckt auch fein mit Zander- oder Doradenfilet statt mit Rotbarben.

Lachs mit Spitzkohl-Orangen-Gemüse

FÜR 1 PERSON

Zubereitung 30 Minuten

200 g Spitzkohl
1 Bio-Orange
200 g Lachsfilet mit Haut
Salz, schwarzer Pfeffer
2 TL Zitronensaft
1 Zweig Rosmarin
1 ½ EL Olivenöl
1 EL kalte Butter
Cayennepfeffer

Tipp Statt mit Spitzkohl das Gemüse mit Fenchel zubereiten.

1 Den Spitzkohl putzen, waschen und in feine Streifen schneiden. Die Orange heiß waschen und abtrocknen, die Schale mit einem Zestenreißer abziehen. Die Orange auspressen. Backofen auf 100° (Umluft 80°) vorheizen.

2 Lachs waschen, trocken tupfen und mit Salz, Pfeffer und Zitronensaft würzen. Rosmarin und Lachs in ½ EL heißem Öl bei mittlerer Hitze auf der Hautseite 5 Min. braten, wenden und 2 Min. weiterbraten. Herausnehmen und im Ofen warm halten. Das übrige Öl in der Pfanne erhitzen, den Kohl darin 2 Min. unter Wenden anbraten, salzen und pfeffern. Das Gemüse zum Lachs geben.

3 Den Bratensatz mit Orangensaft ablöschen, Orangenschale zufügen. Alles um die Hälfte einkochen. Die Butter unterrühren. Mit Salz und 1 Prise Cayennepfeffer würzen. Spitzkohl und Lachs anrichten, die Sauce darüberträufeln.

Nährwerte pro Portion:
693 kcal | 42 g E | 52 g F | 13 g KH | 4 g BS

Seelachsfilet auf Fenchel und Tomaten

FÜR 1 PERSON

Zubereitung 20 Minuten
+ 25 Minuten Garen im Ofen

1 Fenchelknolle (ca. 230 g)
1 Stange Staudensellerie
Salz
2 Eiertomaten
150 g Seelachsfilet
2 TL Zitronensaft
schwarzer Pfeffer
1 Scheibe mittelalter Gouda (ca. 40 g)
Öl zum Einfetten

1 Den Fenchel putzen, das Grün abschneiden und beiseitelegen. Die Knolle längs in dünne Scheiben schneiden. Sellerie waschen, putzen und schräg in 2 cm breite Stücke schneiden. Fenchel und Sellerie in kochendem Salzwasser 2 Min. blanchieren, dann abgießen und abschrecken.

2 Ofen auf 200° (Umluft 180°) vorheizen. Tomaten waschen und in Scheiben schneiden. Den Fisch abbrausen, abtrocknen und mit Zitronensaft, Salz und Pfeffer würzen.

3 Ein großes Stück Alufolie mit Öl einstreichen. Fenchel, Sellerie und die Hälfte der Tomatenscheiben daraufbetten. Den Seelachs darauflegen. Mit den übrigen Tomaten bedecken, salzen und pfeffern. Käse darauflegen. Die Folie verschließen. Das Päckchen auf dem Rost im Ofen (Mitte) 20–25 Min. garen. Die Folie öffnen, Fisch und Gemüse anrichten und mit dem Fenchelgrün bestreuen.

Nährwerte pro Portion:
383 kcal | 43 g E | 19 g F | 10 g KH | 6 g BS

Rotbarsch mit Safransauce

FÜR 1 PERSON

Zubereitung 30 Minuten

1 Möhre
100 g Lauch
1 Knoblauchzehe
160 g Rotbarschfilet
1 EL Olivenöl
100 ml Fischfond (Glas) oder Hühnerbrühe
7 EL Sahne
5–6 Safranfäden
Salz, schwarzer Pfeffer
200 g Knollensellerie
1 EL gehackte Petersilie
1 EL eiskalte Butter

1 Die Möhre schälen, Lauch putzen und waschen. Beides in feine Streifen schneiden. Knoblauch schälen und fein würfeln. Das Filet waschen, abtrocknen und halbieren. Möhre, Lauch und Knoblauch im heißen Öl 2 Min. andünsten. Fond oder Brühe sowie 5 EL Sahne dazugießen. Safranfäden zufügen und alles salzen und pfeffern. Den Fisch in dem Sud zugedeckt bei milder Hitze 8 Min. garen.

2 Inzwischen den Sellerie putzen, schälen, würfeln und in kochendem Salzwasser 8 Min. garen. Abgießen und mit der übrigen Sahne pürieren. Mit Salz und Pfeffer würzen und die Petersilie unterheben. Fisch und Gemüse aus dem Sud heben und auf einem Teller warm stellen. Den Sud mit Salz und Pfeffer abschmecken und die Butter in Stückchen unterschlagen. Sauce über Fisch und Gemüse verteilen. Das Selleriepüree dazu anrichten.

Nährwerte pro Portion:
632 kcal | 37 g E | 47 g F | 14 g KH | 11 g BS

Doradenfilet mit Sommergemüse

FÜR 1 PERSON

Zubereitung 20 Minuten

150 g zarte Zucchini
3 Frühlingszwiebeln
100 g Kirschtomaten
1 Doradenfilet (mit Haut; ca. 150 g)
2 TL Zitronensaft
Salz, schwarzer Pfeffer
2 EL Olivenöl
3 EL Gemüsebrühe
2 TL frisch gehackter Oregano oder ½ TL getrockneter
2 TL Basilikum-Pesto (selbst gemacht oder aus dem Glas)

1 Die Zucchini waschen, putzen und der Länge nach mit einem Sparschäler in dünne Scheiben schneiden. Frühlingszwiebeln putzen, waschen und weiße und hellgrüne Anteile schräg in 2–3 cm lange Stücke schneiden. Tomaten waschen und halbieren. Das Fischfilet abbrausen, trocken tupfen und mit Zitronensaft, Salz und Pfeffer würzen.

2 In einer kleinen Pfanne 1 EL Öl erhitzen. Das Doradenfilet auf der Hautseite 4 Min. knusprig braten, wenden und weitere 2 Min. braten.

3 Während der Fisch brät, das übrige Öl in einer Pfanne erhitzen. Zucchini und Frühlingszwiebeln bei starker Hitze 2 Min. braten. Tomaten, Brühe und Oregano dazugeben und 2 Min. mitdünsten. Mit Salz und Pfeffer abschmecken. Fisch und Gemüse mit dem Pesto anrichten.

Nährwerte pro Portion:
405 kcal | 25 g E | 30 g F | 8 g KH | 2 g BS

Räucherforelle mit Radieschen-Ricotta-Dip

FÜR 1 PERSON

Zubereitung 20 Minuten

1 EL gehackte Mandeln
50 g Ricotta
1 EL Sahne
1 TL Zitronensaft
4 Radieschen
Salz, schwarzer Pfeffer
1 Chicorée
1 EL Aceto balsamico
1 EL Olivenöl
1 geräuchertes Forellenfilet (ca. 150 g)
1 EL Schnittlauchröllchen

1 Die Mandeln in einer Pfanne ohne Fett goldbraun rösten, vom Herd nehmen und abkühlen lassen. Inzwischen Ricotta, Sahne und Zitronensaft verrühren. Radieschen waschen, putzen und klein würfeln. Mit den gerösteten Mandeln unter den Dip heben, salzen und pfeffern.

2 Chicorée waschen, putzen, längs halbieren und den Strunk entfernen. Die Hälften in 2 cm breite Streifen schneiden. Eine Vinaigrette aus Aceto balsamico, Salz, Pfeffer und Olivenöl rühren. Den Chicorée darin wenden.

3 Das Forellenfilet mit dem Dip und dem Salat auf einem Teller anrichten. Mit den Schnittlauchröllchen bestreuen.

Nährwerte pro Portion:
463 kcal | 38 g E | 31 g F | 7 g KH | 4 g BS

Tipp Für einen zusätzlichen Frische-Kick sorgt eine Handvoll Radieschensprossen auf dem Ricotta-Dip.

Grüner Pastinakensalat mit Makrele

FÜR 1 PERSON

Zubereitung 20 Minuten

1 Pastinake (ca. 130 g)
Salz
1 kleine Bio-Minigurke
1 Frühlingszwiebel
2 Zweige Petersilie
1 Stiel Basilikum
1 Knoblauchzehe (zum Ausreiben)
1 EL Rotweinessig
schwarzer Pfeffer
1 ½ EL Olivenöl
1 geräuchertes Pfeffermakrelenfilet (ca. 120 g)

1 Die Pastinake schälen und in dünne Scheiben schneiden. In kochendem Salzwasser 2 Min. blanchieren, in ein Sieb abgießen und abtropfen lassen.

2 Inzwischen die Gurke waschen, streifig schälen, längs halbieren, entkernen und in Scheiben schneiden. Frühlingszwiebel putzen, waschen und in feine Ringe schneiden. Kräuter waschen und trocken schütteln, die Blättchen abzupfen und fein schneiden.

3 Die Knoblauchzehe aufschneiden und eine kleine Schüssel damit ausreiben. Darin den Essig, 1 EL Wasser, Salz, Pfeffer und das Öl verquirlen. Pastinake, Gurke und Frühlingszwiebeln vorsichtig darin wenden. Mit Salz und Pfeffer abschmecken und mit dem Makrelenfilet auf einem Teller anrichten. Mit den Kräutern bestreuen.

Nährwerte pro Portion:
491 kcal | 28 g E | 34 g F | 17 g KH | 3 g BS

Matjes nach Hausfrauen-Art

FÜR 1 PERSON

Zubereitung 30 Minuten

100 g Sahnequark
1 EL saure Sahne
3 Cornichons (Glas) und 1 EL Gurkenwasser
Salz, schwarzer Pfeffer
1 kleine rote Zwiebel
½ kleiner roter Apfel (ca. 50 g)
½ Bund Dill
1 Matjesfilet (ca. 70 g)
100 g Pastinaken
1 EL Rapsöl

1 Quark und saure Sahne mit 1 EL Gurkenwasser verrühren, kräftig salzen und pfeffern. Die Gurken in dünne Scheiben schneiden. Zwiebel schälen, halbieren und in feine Halbringe schneiden. Die Apfelhälfte waschen, halbieren, entkernen und in Stückchen schneiden. Alles unter die Quarkmischung rühren. Dill abbrausen und trocken schütteln, die Blättchen abzupfen, hacken und untermischen. Die Sauce 15 Min. ziehen lassen.

2 Inzwischen den Matjes waschen und trocken tupfen. Die Pastinaken putzen, schälen und in dünne Scheiben schneiden, dickere Wurzeln vorher halbieren oder vierteln.

3 Das Öl in einer Pfanne erhitzen, die Pastinaken darin unter Wenden bei mittlerer Hitze 10 Min. braten. Salzen und mit dem Matjes und der Quarkmischung anrichten.

Nährwerte pro Portion:
575 kcal | 26 g E | 40 g F | 27 g KH | 3 g BS

Tomaten mit Thunfisch und Frischkäse

FÜR 1 PERSON

Zubereitung 25 Minuten

125 g Magerquark
Salz, schwarzer Pfeffer
abgeriebene Bio-Zitronenschale
8 Basilikumblätter
2 reife Strauchtomaten
1 Frühlingszwiebel
1 EL Weißweinessig
1 ½ EL Olivenöl
1 kleine Dose Thunfisch im eigenen Saft (60 g Abtropfgewicht)

Tipp Für besonders würzige Nocken die Hälfte des Quarks durch Ziegenfrischkäse ersetzen.

1 Den Quark auf einem Sieb 10 Min. abtropfen lassen, mit Salz, Pfeffer und etwas Zitronenschale würzen. Basilikumblätter abreiben, 4 davon in feine Streifen schneiden und unterrühren. Die Quarkmischung kalt stellen.

2 Inzwischen die Tomaten waschen, vom Blütenansatz befreien und in dünne Scheiben schneiden. Auf einem Teller fächerartig auslegen. Die Frühlingszwiebel waschen, putzen, das Weiße und Hellgrüne fein schneiden. Frühlingszwiebelringe über die Tomaten streuen.

3 Essig, Salz, Pfeffer und das Olivenöl verrühren und über die Tomaten träufeln. Den Thunfisch abtropfen lassen, zerpflücken und über die Tomaten streuen. Von der Quarkmasse mit zwei angefeuchteten Teelöffeln Nocken abstechen. Neben den Tomaten anrichten und mit dem restlichen Basilikum garnieren.

Nährwerte pro Portion:
575 kcal | 35 g E | 41 g F | 15 g KH | 0 g BS

Pfannkuchenröllchen mit Lachs

FÜR 1 PERSON

Zubereitung 45 Minuten
+ 1 Stunde Kühlen

40 g feines Dinkelvollkornmehl
100 ml Buttermilch
1 kleines Ei
1 EL zerlassene Butter
Salz, schwarzer Pfeffer
2 TL Olivenöl
1 EL Frischkäse
1 EL Crème fraîche
2 TL geriebener Meerrettich (Glas)
1 Handvoll Rucola
4 Scheiben Graved Lachs in dünnen Scheiben (ca. 80 g)

1 Backofen auf 100° (Umluft 80°) vorheizen. Mehl, Buttermilch, Ei, Butter, Salz und Pfeffer zu einem glatten Teig rühren. 15 Min. quellen lassen. In einer kleinen beschichteten Pfanne je 1 TL Olivenöl erhitzen und nacheinander bei mittlerer Hitze in 4–5 Min. pro Seite 2 dünne Pfannkuchen backen. Im Backofen warm halten.

2 Inzwischen den Frischkäse mit Crème fraîche, Meerrettich, Salz und Pfeffer verrühren. Rucola waschen und trocken schütteln, verlesen und grobe Stiele entfernen.

3 Die Pfannkuchen mit der Käsemasse bestreichen. Den Rucola daraufstreuen und mit je 2 Scheiben Graved Lachs belegen. Aufrollen und fest in Klarsichtfolie wickeln. Mindestens 1 Std. in den Kühlschrank legen. Vor dem Servieren die Pfannkuchenrollen schräg in jeweils 3 Scheiben schneiden und mit einer Papierserviette aus der Hand essen.

Nährwerte pro Portion:
691 kcal | 36 g E | 45 g F | 35 g KH | 4 g BS

Garnelenküchlein mit Limetten-Dip

FÜR 1 PERSON

Zubereitung 25 Minuten

150 g rohe, geschälte TK-Garnelen (aufgetaut)
½ Stange Zitronengras
3 TL Limettensaft
½ Eiweiß
Salz, Cayennepfeffer
2 EL Öl
60 g Crème fraiche
1 grüne Chilischote
1 Stange Staudensellerie

1 Die Garnelen klein schneiden. Zitronengras von den äußeren Hüllblättern befreien und fein würfeln. Zitronengras mit 2 TL Limettensaft und dem Eiweiß zu den Garnelen geben. Alles im Mixer oder mit dem Pürierstab fein zerkleinern. Mit Salz und Cayennepfeffer würzen.

2 Öl in einer beschichteten Pfanne erhitzen. Die Masse esslöffelweise hineingeben und flach drücken. Die Küchlein bei mittlerer Hitze von jeder Seite 2 Min. braten.

3 Inzwischen für den Dip die Crème fraîche mit 1 TL Limettensaft und Salz glatt rühren. Die Chilischote putzen, entkernen und winzig klein würfeln. Sellerie waschen, putzen und die eine Hälfte in kleine Würfel, die andere Hälfte in fingerlange Streifen schneiden. Selleriewürfel und Chilischote unter den Dip heben. Mit den Garnelenküchlein und Selleriestreifen servieren.

Nährwerte pro Portion:
557 kcal | 32 g E | 46 g F | 3 g KH | 1 g BS

Birnen-Bohnen-Speck-Eintopf

FÜR 1 PERSON

Zubereitung 35 Minuten

20 g Quinoa
60 g geräucherter Bauchspeck
2 TL Butterschmalz
375 ml Gemüsebrühe
125 g breite grüne Bohnen
1 Zweig Bohnenkraut
½ kleine feste Birne (ca. 80 g)
Salz, schwarzer Pfeffer

INFO Quinoa, gesprochen »Kienwa« wird auch »Inkaweizen« genannt. Die perlenförmigen Körner schmecken leicht nussig und enthalten mit 15 % wesentlich mehr Eiweiß als heimische Getreidesorten.

1 Quinoa in einem Sieb unter heißem Wasser abspülen und gut abtropfen lassen. Speck in feine Streifen schneiden und in einem Topf im Schmalz kross braten. Quinoa dazugeben, die Brühe zugießen und das Ganze 10 Min. bei mittlerer Hitze kochen lassen.

2 Inzwischen die Bohnen putzen, waschen und schräg in 2 cm breite Stücke schneiden. Mit dem Bohnenkraut in den Topf geben und weitere 10 Min. garen.

3 Die Birnenhälfte waschen, halbieren und entkernen. Die Hälften quer in Stücke schneiden, unter den Eintopf mischen und bei milder Hitze noch 5 Min. mitkochen lassen. Mit Salz und Pfeffer kräftig abschmecken.

Nährwerte pro Portion:
614 kcal | 11 g E | 50 g F | 24 g KH | 4 g BS

Kürbis-Lauch-Eintopf mit Würstchen

FÜR 1 PERSON

Zubereitung 30 Minuten

200 g Hokkaido-Kürbis
1 kleine Zwiebel
½ rote Chilischote
1 EL Olivenöl
300 ml Fleischbrühe
100 g Lauch
2 Wiener Würstchen (ca. 100 g)
Salz, schwarzer Pfeffer
3 Zweige Petersilie

Tipp Kein Kürbis im Angebot? Dann nehmen Sie stattdessen Zucchini.

1 Den Kürbis waschen, von den Kernen und dem weichen Inneren befreien. Mit der Schale erst in 2 cm dicke Spalten, dann in 1,5 cm große Würfel schneiden. Die Zwiebel schälen und fein hacken. Chilischote putzen, entkernen und in dünne Ringe schneiden.

2 Das Olivenöl in einem Topf erhitzen, Zwiebeln und Chilischote 1–2 Min. andünsten. Kürbis dazugeben und 3 Min. mit dünsten. Die Brühe zugießen und bei mittlerer Hitze 5 Min. kochen lassen.

3 Inzwischen den Lauch waschen, putzen und schräg in 2 cm breite Scheiben schneiden. Würstchen ebenfalls schräg in Scheiben schneiden. Beides zu dem Kürbis in die Brühe geben, 5 Min. mitgaren. Den Eintopf mit Salz und Pfeffer abschmecken. Petersilie waschen, trocken schütteln, abzupfen und hacken. Auf den Eintopf streuen.

Nährwerte pro Portion:
608 kcal | 28 g E | 45 g F | 11 g KH | 6 g BS

Beef-Wok mit Gemüse

FÜR 1 PERSON

Zubereitung 25 Minuten

125 g Rinderfilet
2 EL Sojasauce (Tamari; Reformhaus)
je ½ kleine rote und gelbe Paprikaschote
100 g Romanesco (ersatzweise Brokkoli)
1 EL Erdnussöl
1 TL dunkles Sesamöl
5 EL Gemüsebrühe
Salz, schwarzer Pfeffer
1 EL gehackte Erdnusskerne

Tipp Dazu 40 g Protein-Nudeln (Klappe vorne) servieren.

1 Das Rinderfilet trocken tupfen und quer zur Faser in dünne Scheiben schneiden. Die Sojasauce darüberträufeln, darin wenden. Paprikaschoten waschen, putzen, entkernen und in feine Streifen schneiden. Den Romanesco waschen und in kleine Röschen teilen.

2 Das Erdnuss- und Sesamöl in einem Wok erhitzen. Das Fleisch abtropfen lassen, die Marinade dabei auffangen. Fleisch im heißen Öl in 1–2 Min. unter Rühren scharf anbraten. Herausnehmen und beiseitestellen.

3 Das vorbereitete Gemüse in den Wok geben, unter Rühren bei starker Hitze 3 Min. braten. Brühe und Marinade dazugeben, noch 3 Min. zugedeckt dünsten. Fleisch dazugeben, untermischen und kurz erhitzen. Mit Salz und Pfeffer abschmecken. Erdnüsse obenauf streuen.

Nährwerte pro Portion:
413 kcal | 35 g E | 25 g F | 10 g KH | 9 g BS

Entengeschnetzeltes mit Pilzen

FÜR 1 PERSON

Zubereitung 30 Minuten

175 g Entenbrustfilet (mit Haut)
100 g gemischte Pilze (z. B. Pfifferlinge, Champignons)
1 Schalotte
2 TL Butterschmalz
Salz, schwarzer Pfeffer
2 TL feines Dinkelvollkornmehl
2 EL trockener Sherry (Fino)
75 ml Hühnerbrühe, 5 EL Sahne
3 Zweige Thymian

Tipp Für ein Knusper-Topping 50 g Entenhaut würfeln, in einer Pfanne ohne Fett kross ausbraten.

1 Das Entenfilet von der dicken Haut befreien, das Fleisch trocken tupfen und in dünne Scheiben schneiden. Pilze putzen, abreiben und grob zerteilen. Die Schalotte schälen und fein würfeln.

2 Eine Pfanne mit dem Schmalz erhitzen. Fleischstreifen darin in 1–2 Min. scharf anbraten. Herausnehmen, salzen und pfeffern. Schalotten im Bratfett glasig dünsten. Pilze dazugeben, 2–3 Min. mitbraten. Mit dem Mehl bestäuben, kurz anschwitzen. Mit dem Sherry ablöschen, kurz einkochen lassen. Brühe und Sahne dazugießen, 2 Min. bei mittlerer Hitze kochen lassen.

3 Das Entenfleisch samt dem gezogenen Fleischsaft unter das Pilzgemüse mischen. Mit Salz und Pfeffer abschmecken. Thymian abbrausen, trocken schütteln. Die Blättchen abstreifen und obenauf streuen.

Nährwerte pro Portion:
616 kcal | 77 g E | 44 g F | 13 g KH | 3 g BS

Dinkel-Crêpes mit Avocado und Hackfleisch

FÜR 2 PERSONEN

Zubereitung 45 Minuten + 30 Minuten Ruhen

Für die Crêpes:
40 g feines Dinkelvollkornmehl
Salz
1 Ei und 1 Eigelb
50 ml Milch
50 ml Mineralwasser mit Kohlensäure
1 EL flüssige Butter
Butterschmalz zum Braten

Für die Füllung:
1 Zwiebel
1 EL Olivenöl
250 g Rinderhackfleisch
200 g gehackte Tomaten (Dose)
Salz, schwarzer Pfeffer
1 TL Chilipulver (Würzmischung)
1 reife Avocado
2 Tomaten
2–3 Spritzer Tabasco

INFO Dinkel punktet gegenüber seinem nahen Verwandten, dem Weizen, mit einigen Vorzügen. Er ist leichter verdaulich und enthält mehr essenzielle Aminosäuren (lebenswichtige Eiweißbausteine) als Weizen. Der Mineralstoffgehalt ist höher, der Geschmack aromatischer und nussartig. Wegen seines hohen Anteils an sogenanntem Klebereiweiß, dem Gluten, hat Dinkel ähnlich gute Backeigenschaften wie Weizen. Auch wenn man ihn mit glutenfreien Getreiden wie Amaranth, Quinoa und Buchweizen mischt, erzielt man noch beste Backergebnisse.

1 Für die Crêpes das Mehl mit 1 Prise Salz, Ei, Eigelb, Milch und Mineralwasser sowie der flüssigen Butter rasch zu einem glatten Teig verrühren. Den Teig 30 Min. ruhen lassen.

2 Für die Füllung die Zwiebel schälen und fein würfeln. Das Öl in einer Pfanne erhitzen, das Hackfleisch dazugeben und bei mittlerer Hitze in 5 Min. braun und krümelig braten. Die Zwiebelwürfel hinzufügen und glasig dünsten. Die gehackten Tomaten untermischen, mit Salz, Pfeffer und Chilipulver abschmecken. Bei milder Hitze ohne Deckel 10 Min. schmoren.

3 Inzwischen den Backofen auf 100° (Umluft 80°) vorheizen. In einer beschichteten Pfanne etwas Butterschmalz erhitzen. Aus dem Teig nacheinander 4 dünne Crêpes backen. Im Backofen warm halten.

4 Die Avocado schälen, den Kern entfernen, das Fruchtfleisch aus der Schale lösen. Eine Hälfte in Spalten, die zweite in kleine Würfel schneiden. Tomaten waschen und in Scheiben schneiden. Die Avocadowürfel vorsichtig unter das Hackfleisch heben, mit Salz, Pfeffer und Tabasco abschmecken. Die Crêpes mit der Hackmischung füllen, mit den Avocado- und Tomatenscheiben anrichten.

Nährwerte pro Portion:
840 kcal | 41 g E | 66 g F | 20 g KH | 11 g BS

Tipp Als i-Tüpfelchen die Blättchen von ½ Bund Koriandergrün abzupfen und obenauf streuen.

VARIANTE Für **Crêpes mit Spinat und Käse** 250 g aufgetauten TK-Blattspinat mit je 1 fein gewürfelten Zwiebel und Knoblauchzehe in 1 EL Olivenöl dünsten. 50 g Crème fraîche und 50 g geriebenen Bergkäse unterrühren, mit Salz, Pfeffer und Muskat würzen. Die Crêpes damit füllen.

Pochiertes Schweinefilet mit Gemüse

FÜR 1 PERSON

Zubereitung 30 Minuten

1 dünne Stange Staudensellerie
100 g Lauch
1 kleine Möhre
2 Topinambur
500 ml Fleischbrühe
150 g Schweinefilet
Salz, schwarzer Pfeffer
50 g Frischkäse
2 EL Sahne
1–2 TL geriebener Meerrettich

1 Sellerie und Lauch waschen, putzen, die Möhre schälen. Das Gemüse – den Lauch separat – in ½ cm dünne Scheiben schneiden. Topinambur schälen, waschen und in Stücke schneiden. Die Brühe aufkochen, Möhre, Sellerie und Topinambur darin 10 Min. zugedeckt kochen lassen.

2 Inzwischen das Fleisch abbrausen, in die Brühe einlegen und zugedeckt bei milder Hitze mit dem Gemüse 10 Min. garen. 2 Min. vor Ende der Garzeit den Lauch dazugeben, das Ganze mit Salz und Pfeffer abschmecken.

3 Frischkäse, Sahne und Meerrettich glatt rühren. Das Filet aus der Brühe heben, 2–3 Min. ruhen lassen, dann in Scheiben schneiden. Das Gemüse herausheben und mit dem Fleisch anrichten, salzen und pfeffern. Etwas Brühe darüberträufeln, den Frischkäse dazuservieren.

Nährwerte pro Portion:
715 kcal | 76 g E | 25 g F | 27 g KH | 54 g BS

Kalbsschnitzel mit Petersilien-Nuss-Kruste

FÜR 1 PERSON

Zubereitung 25 Minuten

2 weiße Mairübchen (ca. 200 g, alternativ zarter Kohlrabi)
1 Möhre
1 EL Butter
3 EL Gemüsebrühe, 3 EL Sahne
Salz, schwarzer Pfeffer
½ gestr. TL (1 g) pflanzliches Bindemittel (Reformhaus; s. Info S. 182)
1 Kalbsschnitzel (ca. 150 g)
2 EL fein geriebene Haselnüsse
1 EL gehackte Petersilie
1 EL feines Dinkelvollkornmehl
1 Eiweiß
1 EL Öl, 1 Zitronenschnitz

1 Rübchen und Möhre putzen, schälen und in Scheiben schneiden. Die Butter in einem Topf zerlassen und das Gemüse darin 2–3 Min. andünsten. Brühe und Sahne dazugießen und bei mittlerer Hitze 6–7 Min. zugedeckt dünsten. Mit Salz und Pfeffer würzen und mit Bindemittel andicken.

2 Inzwischen das Schnitzel trocken tupfen und in 3 Stücke schneiden. Die Nüsse mit der gehackten Petersilie mischen. Nüsse, Mehl und Eiweiß auf jeweils einem Teller bereitstellen. Das Fleisch beidseitig salzen und pfeffern. Erst in dem Mehl wenden, dann durch das Eiweiß ziehen und mit den Nüssen panieren.

3 Das Öl in einer kleinen Pfanne erhitzen. Das Schnitzel darin bei milder Hitze 1 Min. pro Seite braten. Auf Küchenpapier kurz abtropfen lassen. Mit dem Gemüse und dem Zitronenschnitz anrichten.

Nährwerte pro Portion:
653 kcal | 42 g E | 43 g F | 20 g KH | 11 g BS

Spargelsalat mit Kaninchenfilet

FÜR 1 PERSON

Zubereitung 30 Minuten

50 g gemischte Blattsalate (z. B. Batavia, roter Romana, Feldsalat)
100 g grüner Spargel
1 Schalotte
2 TL Butter
Salz, schwarzer Pfeffer
2 TL Aceto balsamico bianco
1 EL Weißweinessig
2 EL Olivenöl
1 TL Kürbiskernöl
2 Kaninchenrückenfilets (ca. 125 g; ersatzweise Hähnchenbrustfilet)
2 TL Sonnenblumenkerne

1 Die Salate waschen und trocken schütteln, putzen und mundgerecht zerpflücken. Spargel waschen, putzen und die untere Hälfte schälen. Den Spargel in dünne Scheiben schneiden. Die Schalotte schälen und fein würfeln.

2 Die Butter in einer Pfanne zerlassen. Schalotten und Spargel darin 3–4 Min. unter Wenden anbraten. Mit Salz und Pfeffer würzen und vom Herd nehmen. Balsamessig, Weißweinessig, 1 EL Olivenöl und Kürbiskernöl in einer kleinen Schüssel verrühren. Den Spargel untermischen.

3 Kaninchenfilets trocken tupfen, mit Salz und Pfeffer würzen. Übriges Öl in derselben Pfanne erhitzen und das Fleisch darin rundum 5 Min. braten. In Alufolie wickeln, 2 Min. ziehen lassen, dann schräg in Scheiben schneiden. Salate, marinierten Spargel und Fleisch auf einem Teller anrichten. Die Sonnenblumenkerne obenauf streuen.

Nährwerte pro Portion:
587 kcal | 31 g E | 48 g F | 6 g KH | 3 g BS

Scharfer Asia-Salat mit Hähnchenbrust

FÜR 1 PERSON

Zubereitung 25 Minuten

1 Hähnchenbrustfilet (ca. 150 g)
1 haselnussgroßes Stück Ingwer
4 TL Sojasauce (Tamari; Reformhaus)
100 g Salatgurke
1 Karambole (ca. 125 g)
1 rote Chilischote
1 EL Reis- oder Obstessig
schwarzer Pfeffer
1 ½ EL Olivenöl
1 EL gehackte Erdnusskerne
3 Zweige Koriandergrün

1 Das Hähnchenfilet waschen, abtrocknen und 1,5 cm groß würfeln. Ingwer schälen und fein würfeln. Mit 2 TL Sojasauce unter das Fleisch mischen und ziehen lassen.

2 Die Gurke schälen und die Karambole waschen, beides in Scheiben schneiden und auf einem Teller dekorativ auslegen. Die Chilischote längs aufschneiden, entkernen und in feine Streifen schneiden. Essig, übrige Sojasauce, Pfeffer und 1 EL Olivenöl verquirlen und über den Salat träufeln.

3 Das übrige Öl in einer kleinen Pfanne erhitzen. Die marinierten Hähnchenwürfel darin mit Ingwer und den Erdnüssen 2 Min. unter Wenden anbraten. Die Marinade dazugießen und einkochen lassen. Hähnchenwürfel auf dem Salat verteilen. Koriandergrün waschen und trocken schütteln, die Blättchen abzupfen und obenauf streuen.

Nährwerte pro Portion:
434 kcal | 38 g E | 23 g F | 15 g KH | 5 g BS

Rettich-Gelbwurst-Carpaccio

FÜR 1 PERSON

Zubereitung 20 Minuten

100 g schlanker weißer Rettich
Salz
100 g Gelbwurst-Aufschnitt
2 Radieschen
2 TL Weißweinessig
½ TL körniger Senf
schwarzer Pfeffer
1 EL kalt gepresstes Rapsöl
1 TL Traubenkernöl
1/3 Bund Schnittlauch

1 Den Rettich schälen, in dünne Scheiben hobeln und leicht salzen. Die Rettich- und Wurstscheiben leicht überlappend auf einem Teller anrichten. Die Radieschen waschen, putzen und in dünne Scheiben schneiden. Auf die Rettich- und Wurstscheiben streuen.

2 Den Essig mit 1 EL Wasser, Senf, Salz und Pfeffer verrühren. Raps- und Traubenkernöl unterschlagen. Die Vinaigrette über das Carpaccio träufeln. Den Schnittlauch waschen und trocken schütteln, in feine Röllchen schneiden und obenauf streuen.

Nährwerte pro Portion:
441 kcal | 11 g E | 42 g F | 3 g KH | 3 g BS

Tipp Dazu schmeckt 1 Scheibe Protein-Leinsamenbrot (S. 168; ca. 50 g). Ohne Brot ist der Wurstteller auch als kleines, leichtes Abendessen geeignet.

Marinierte Zucchini mit Salami

FÜR 1 PERSON

Zubereitung 25 Minuten
+ 1 Stunde Marinieren

175 g Zucchini
1 Knoblauchzehe
1 ½ EL Olivenöl
Salz, schwarzer Pfeffer
1 Zweig Thymian
1 EL Zitronensaft
5 EL Gemüsebrühe
40 g Salami-Aufschnitt
3–4 Blätter Basilikum

1 Die Zucchini waschen, die Enden abschneiden und der Länge nach – am besten mit einem Sparschäler – in dünne Scheiben schneiden. Die Knoblauchzehe schälen und ebenfalls in Scheiben schneiden.

2 In einer Pfanne 1 EL Olivenöl erhitzen. Die Zucchini darin in 3–4 Min. auf beiden Seiten hellbraun anbraten, mit Salz und Pfeffer würzen. Aus der Pfanne nehmen und auf einem Teller anrichten.

3 Anschließend Knoblauch und Thymian kurz andünsten. Mit Zitronensaft und Gemüsebrühe ablöschen, vom Herd nehmen und das übrige Olivenöl unterschlagen. Die Marinade über die Zucchinischeiben träufeln und diese 1 Std. ziehen lassen. Vor dem Servieren die Salamischeiben mit den Zucchini anrichten. Die Basilikumblätter abreiben und die Zucchini damit garnieren.

Nährwerte pro Portion:
243 kcal | 9 g E | 20 g F | 7 g KH | 2 g BS

Schinkensülze im Glas

FÜR 1 PERSON

Zubereitung 20 Minuten
+ mind. 3 Stunden Kühlen

1 Blatt weiße Gelatine
1 Zweig Petersilie
1 Zweig Majoran
80 g gekochter Schinken
Salz, schwarzer Pfeffer
100 ml Geflügelfond
(aus dem Glas)
1 EL Weißweinessig
1 EL Mayonnaise
1 EL Joghurt
1 Gewürzgurke
1 hart gekochtes Ei

1 Die Gelatine in kaltem Wasser einweichen. Petersilie und Majoran waschen und trocken schütteln, die Blättchen abzupfen und fein hacken. Schinken in feine Würfel schneiden und mit den Kräutern vermengen. Mit Salz und Pfeffer würzen. Die Schinkenmischung in ein Glas füllen.

2 Fond mit Salz, Pfeffer und Essig würzen und erhitzen. Gelatine ausdrücken und dazugeben, bei milder Hitze unter Rühren auflösen. Den Schinken mit dem Fond auffüllen mindestens 3 Std. zugedeckt kalt stellen.

3 Für die Remoulade Mayonnaise und Joghurt verrühren, salzen und pfeffern. Die Gurke klein würfeln, das Ei pellen und hacken. Beides unterheben und mit Salz und Pfeffer abschmecken. Die Hälfte davon auf die Schinkensülze geben, den Rest dazuservieren.

Nährwerte pro Portion:
308 kcal | 30 g E | 19 g F | 4 g KH | 0 g BS

Blumenkohl-Frittata

FÜR 1 PERSON

Zubereitung 30 Minuten

150 g Blumenkohlröschen
Salz
1 kleine Zwiebel
40 g Serranoschinken
3 Eier
Salz, schwarzer Pfeffer
frisch geriebene Muskatnuss
2 EL Olivenöl
2 EL Schmand
1 Büschel Kresse

Tipp Die Frittata noch mit 2 EL geriebenem Bergkäse bestreuen und 6–7 Min. unter dem Backofengrill überbacken.

1 Den Blumenkohl waschen und in kleine Röschen schneiden. In kochendem Salzwasser 5 Min. blanchieren, kalt abschrecken und abtropfen lassen. Inzwischen die Zwiebel schälen, halbieren und in feine Streifen schneiden. Den Schinken in kleine Würfel schneiden. Eier verquirlen, mit Salz, Pfeffer und Muskat würzen.

2 Das Olivenöl in einer kleinen Pfanne erhitzen. Die Zwiebeln darin glasig dünsten. Blumenkohl dazugeben und kurz mitdünsten. Die Eiermischung darübergießen und bei milder Hitze zugedeckt in 6–8 Min. stocken lassen. Dann die Frittata wenden und auf der anderen Seite nochmals 1–2 Min. braten.

3 Den Schmand mit Salz und Pfeffer verrühren, mit der Kresse bestreuen. Zu der Frittata servieren.

Nährwerte pro Portion:
603 kcal | 34 g E | 49 g F | 8 g KH | 5 g BS

ROSTFREI

Romanescosuppe mit wachsweichem Ei

FÜR 1 PERSON

Zubereitung 30 Minuten

130 g Romanesco
1 Schalotte, 1 EL Butter
3 EL trockener Weißwein
200 ml Gemüsebrühe
50 ml Sahne
1 Ei
Salz, schwarzer Pfeffer
2–3 Basilikumblätter

INFO Romanesco ist der grüne Bruder des Blumenkohls, er kann daher außerhalb der Saison (Mai bis November) auch ganz einfach durch Blumenkohl ersetzt werden.

1 Romanesco waschen, putzen und in kleine Röschen schneiden. Schalotte schälen und fein würfeln. In einem Topf die Butter zerlassen, die Schalotten darin glasig dünsten. Romanesco dazugeben und 2–3 Min. andünsten. Mit Wein ablöschen, Brühe und Sahne hinzufügen und aufkochen. Zugedeckt bei milder Hitze 10 Min. kochen lassen.

2 Inzwischen das Ei in kochendem Wasser in 6 Min. wachsweich kochen. Kalt abschrecken und vorsichtig pellen. Das obere Drittel des Eis wegschneiden – sieht dekorativer aus – und separat essen.

3 Die Suppe mit dem Pürierstab oder im Mixer fein pürieren, mit Salz und Pfeffer würzig abschmecken. Die Suppe auf einen tiefen Teller geben, das Ei in die Mitte der Suppe geben, leicht salzen und pfeffern. Die Basilikumblätter abreiben und die Suppe damit garnieren.

Nährwerte pro Portion:
349 kcal | 11 g E | 31 g F | 5 g KH | 0 g BS

Möhren-Kokos-Suppe

FÜR 1 PERSON

Zubereitung 30 Minuten

1 mittelgroße Möhre
1 haselnussgroßes Stück Ingwer
2 TL Butterschmalz
1–2 TL scharfes Currypulver
250 ml Gemüsebrühe
6 EL ungesüßte Kokosmilch (Dose)
2 TL Kokosrapsel
3 Zweige Koriandergrün (ersatzweise Petersilie)
Salz, Pfeffer
1 EL Limettensaft

1 Die Möhre putzen, schälen und in dünne Scheiben schneiden. Den Ingwer schälen und fein würfeln.

2 Das Butterschmalz in einem Topf zerlassen. Möhren und Ingwer darin 2–3 Min. andünsten. Currypulver darüberstäuben und kurz anschwitzen. Brühe und Kokosmilch dazugießen, aufkochen und die Suppe bei mittlerer Hitze 15 Min. kochen lassen.

3 Die Kokosraspel in einer Pfanne ohne Fett in ca. 3 Min. hellbraun rösten, dann sofort umfüllen. Koriandergrün waschen, trocken schütteln und die Blättchen abzupfen.

4 Die Suppe mit dem Pürierstab oder im Mixer fein pürieren. Mit Salz, Pfeffer und Limettensaft abschmecken. Auf einen tiefen Teller geben. Mit den Kokosraspeln und den Koriandergrünblättern garnieren.

Nährwerte pro Portion:
195 kcal | 2 g E | 17 g F | 7 g KH | 5 g BS

Spargel-Wok mit Tofu

FÜR 1 PERSON

Zubereitung 25 Minuten

100 g fester Tofu
2–3 helle Sojasauce (Tamari; Reformhaus)
150 g weißer Spargel
3 Frühlingszwiebeln
1 rote Chilischote
1 EL Öl
5 EL Gemüsebrühe
1 Handvoll frische Mungobohnensprossen
Salz, schwarzer Pfeffer
3–4 Zweige Koriandergrün

INFO Tofu, ein zu Blöcken gepresster Quark aus gelben Sojabohnen, gibt es gesalzen oder ungesalzen, quarkweich (Seidentofu) oder schnittfest. Sie bekommen ihn im Reformhaus, Asienladen oder gut sortierten Supermärkten in verschiedenen Ausführungen: naturbelassen, geräuchert und mit Kräutern gewürzt. Einmal angebrochen, lässt er sich im Kühlschrank mit Wasser bedeckt ca. 1 Woche aufbewahren. Das Wasser täglich wechseln! Vakuumverpackt kann er mehrere Wochen eingefroren werden. Der Eiweißgehalt von Tofu kann sich mit Fleisch und Fisch messen. Darin steckt doppelt so viel Eiweiß wie im Quark aus Kuhmilch, seine biologische Wertigkeit ist mit der von Fleisch und Fisch vergleichbar.

1 Den Tofu abtropfen lassen, trocken tupfen und in 1,5 cm große Würfel schneiden. In 1 EL Sojasauce wenden. Spargel waschen und putzen, die Stangen schälen und schräg in dünne Scheiben schneiden. Frühlingszwiebeln waschen, putzen, das Hellgrüne und Weiße schräg in 3–4 cm lange Stücke schneiden, die weißen Anteile längs halbieren. Die Chilischote waschen, putzen und längs halbieren, entkernen und in feine Ringe schneiden.

2 Das Öl in einem Wok oder einer Pfanne erhitzen. Den Tofu trocken tupfen und 2–3 Min. darin braun anbraten. Herausnehmen und warm halten.

3 Spargel, Frühlingszwiebeln und Chilischoten dazugeben und 1–2 Min. unter Rühren anbraten. Die Brühe angießen und das Gemüse 5 Min. dünsten. Die Sprossen abbrausen und abtropfen lassen.

4 Das Gemüse mit der übrigen Sojasauce, Salz und Pfeffer würzen. Tofu dazugeben und die Sprossen unterheben. Alles noch 1–2 Min. erhitzen. Korianderblättchen abzupfen und darüberstreuen.

Nährwerte pro Portion:
248 kcal | 16 g E | 15 g F | 11 g KH | 4 g BS

VARIANTE **Spargelsuppe mit Tofu-Klößchen**
75 g Räuchertofu (Reformhaus) klein würfeln. Mit 1 EL lauwarmem Wasser und 1 Eigelb glatt pürieren, salzen, pfeffern und 10 Min. ruhen lassen. Aus der Masse mit feuchten Händen 3 kleine Knödel formen, in kochendem Salzwasser 8–10 Min. gar ziehen lassen. Inzwischen 150 g weißen Spargel, 3 Frühlingszwiebeln und 1 rote Chilischote gemäß Rezept vorbereiten und in einem Topf in 1 EL Öl 2 Min. andünsten. 300 ml Brühe zugießen und 5 Min. leise kochen lassen. Mit 1–2 EL Sojasauce, Salz und Pfeffer würzen. Tofu-Klößchen herausheben, abtropfen lassen und in die Suppe geben.

Rosenkohl mit Walnuss-Bröseln

FÜR 1 PERSON

Zubereitung 20 Minuten

250 g Rosenkohl
Salz
2 EL Crème fraîche
4 TL Limettensaft
1/4 TL Chiliflocken (Pul biber)
3 Zweige Petersilie
1 EL Butter
1 EL gehackte Walnüsse
schwarzer Pfeffer
abgeriebene Bio-Limettenschale

1 Den Rosenkohl putzen und die äußeren Blätter entfernen. Den Strunk jeweils erst dünn abschneiden, dann kreuzweise einschneiden. Rosenkohl in kochendem Salzwasser in 7 Min. bissfest kochen.

2 Inzwischen die Crème fraiche mit 2 TL Limettensaft, Salz und Chiliflocken würzen. Petersilie waschen, trocken schütteln, abzupfen und hacken. Unter die Creme rühren.

3 Die Butter in einer Pfanne aufschäumen lassen, die Nüsse dazugeben und unter Rühren bei mittlerer Hitze 1–2 Min. goldbraun braten. Mit Salz, Pfeffer, dem übrigen Limettensaft und etwas abgeriebener Limettenschale würzen. Den Rosenkohl abgießen, gut abtropfen lassen und in den Nuss-Bröseln wenden. Den Chili-Dip dazuservieren.

Nährwerte pro Portion:
333 kcal | 11 g E | 27 g F | 9 g KH | 9 g BS

Schwarzwurzeln mit Orangen-Hollandaise

FÜR 1 PERSON

Zubereitung 30 Minuten

250 g Schwarzwurzeln
1 EL Essig
30 g + 1 TL Butter
Salz
1 Eigelb
schwarzer Pfeffer
1 EL Orangensaft
2 EL Sahnejoghurt
abgeriebene Bio-Orangenschale
1 EL Estragonblätter (ersatzweise Petersilie)
50 g Katenschinken-Aufschnitt

1 Die Schwarzwurzeln gründlich unter fließendem kaltem Wasser abbürsten und schälen. Möglichst mit Handschuhen arbeiten, da die austretende Wurzelmilch die Hände verfärbt und verklebt. Schwarzwurzeln quer halbieren und sofort in einen breiten Topf mit kaltem Wasser und dem Essig geben, damit sie nicht braun werden. 1 TL Butter und Salz zufügen. Zugedeckt 15–20 Min. kochen.

2 Inzwischen die übrige Butter zerlassen. Eigelb, Salz, Pfeffer und Orangensaft verrühren und in einer runden Metallschüssel im warmen Wasserbad bei mittlerer Hitze zu einer dicklichen Creme aufschlagen. Die flüssige Butter unterrühren, Joghurt unterziehen und die Hollandaise mit Orangenschale würzen. Estragon hacken und unterheben.

3 Die Schwarzwurzeln abgießen, abtropfen lassen und sofort mit der Sauce servieren. Den Schinken dazureichen.

Nährwerte pro Portion:
479 kcal | 19 g E | 39 g F | 11 g KH | 34 g BS

Gemüsepfanne mit Halloumi

FÜR 1 PERSON

Zubereitung 25 Minuten

1 Schalotte
1 Knoblauchzehe
125 g zarte Zucchini
1 kleine gelbe Paprikaschote
1 ½ EL Olivenöl
½ TL gemahlener Kreuzkümmel
Salz, schwarzer Pfeffer
100 g gehackte Tomaten (Dose)
1 EL scharfer Ajvar (Glas)
125 g Halloumi (zyprischer Käse; aus dem türkischen Lebensmittelgeschäft oder aus dem gut sortierten Supermarkt)
Außerdem: Grillpfanne

1 Schalotte und Knoblauch schälen und fein würfeln. Zucchini waschen, putzen und in dünne Scheiben schneiden. Die Paprikaschote waschen, putzen, entkernen und in feine Streifen schneiden.

2 Schalotten und Knoblauch in einer Pfanne in 1 EL Öl glasig dünsten. Zucchini und Paprika 2–3 Min. mitdünsten. Mit Kreuzkümmel, Salz und Pfeffer würzen. Tomaten, 2 EL Wasser und Ajvar verrühren, unter das Gemüse mischen und alles bei milder Hitze 5 Min. schmoren lassen.

3 Inzwischen den Halloumi in 1 cm dicke Scheiben schneiden. Eine Grillpfanne mit dem übrigen Öl einpinseln und stark erhitzen. Den Halloumi darin von beiden Seiten 2–3 Min. goldbraun braten. Das Gemüse mit Salz und Pfeffer abschmecken, mit dem Halloumi servieren.

Nährwerte pro Portion:
616 kcal | 32 g E | 49 g F | 13 g KH | 7 g BS

Tomaten-Käse-Omelett mit Endiviensalat

FÜR 1 PERSON

Zubereitung 20 Minuten

2 EL Joghurt
2 TL Weißweinessig
Salz, schwarzer Pfeffer
2–3 Endiviensalatblätter (ca. 60 g)
1 Frühlingszwiebel
1 große Strauchtomate
2 Eier
3 EL Sahne
1 EL Olivenöl
2 EL geriebener Greyerzer

1 Joghurt, Essig, Salz und Pfeffer in einer kleinen Schüssel verrühren. Den Salat waschen, trocken schütteln, putzen und in Streifen schneiden. In dem Dressing wenden.

2 Die Frühlingszwiebel waschen, putzen und das Weiße sowie das Hellgrüne in 3 cm große Stücke schneiden. Die Tomate waschen und in 1–2 cm große Würfel schneiden. Die Eier mit Sahne, Salz und Pfeffer verquirlen.

3 Das Öl in einer kleinen beschichteten Pfanne erhitzen. Tomaten und Frühlingszwiebeln darin 2–3 Min. dünsten, salzen und pfeffern. Herausnehmen und warm halten. Die Eiermasse in die heiße Pfanne gießen und in 5 Min. bei mittlerer Hitze stocken lassen.

4 Das Omelett auf einen Teller legen, Gemüse daraufgeben und mit Käse bestreuen. Den Salat dazuservieren.

Nährwerte pro Portion:
477 kcal | 23 g E | 40 g F | 7 g KH | 2 g BS

Gekräuterter Ziegenkäse auf Salat

FÜR 1 PERSON

Zubereitung 25 Minuten

1 EL Kürbiskerne
5 Schnittlauchhalme
3 Zweige Petersilie
Salz, schwarzer Pfeffer
2 runde Ziegenkäse, z. B. Picandou (je etwa 30 g)
½ kleiner Radiccho (ca. 75 g)
1 Handvoll Rucola
1 EL Apfelessig
1 EL Orangensaft
1 EL Traubenkernöl
2 TL Kürbiskernöl

1 Die Kürbiskerne in einer Pfanne ohne Fett anrösten, abkühlen lassen und fein hacken. Schnittlauch und Petersilie waschen und trocken schütteln, Petersilie abzupfen und ebenso wie den Schnittlauch fein schneiden. Kräuter und Kürbiskerne mischen, mit Salz und Pfeffer würzen. Die Ziegenkäse rundherum in der Kräutermischung wälzen und die Kräuter fest andrücken.

2 Radicchio und Rucola putzen, waschen, trocken schütteln und zerzupfen. Essig, Orangensaft, Salz, Pfeffer und Traubenkernöl verrühren. Die Salate mit dem Ziegenkäse anrichten und mit der Vinaigrette und dem Kürbiskernöl beträufeln. Den Kräutermix daraufstreuen.

Nährwerte pro Portion:
424 kcal | 17 g E | 38 g F | 4 g KH | 2 g BS

Tipp Für ein Mittagessen kann 1 Scheibe Protein-Leinsamenbrot (S. 168, ca. 50 g) dazuserviert werden.

Kohlrabi mit Mozzarella

FÜR 1 PERSON

Zubereitung 15 Minuten

1 zarter Kohlrabi (ca. 180 g)
Salz
125 g Mozzarella
2 TL Sesamsamen
1 EL Aceto balsamico bianco
2 TL Zitronensaft
Salz, schwarzer Pfeffer
1 EL Olivenöl

Tipp Im Sommer den Gemüseteller mit Tomaten abwandeln.

1 Den Kohlrabi putzen, die Kohlrabiblätter beiseitelegen. Kohlrabi schälen, in ½ cm dicke Scheiben schneiden und in kochendem Salzwasser 2 Min. blanchieren. Den Kohlrabi abgießen, abschrecken und gut abtropfen lassen.

2 Inzwischen den Mozzarella abtropfen lassen und in ½ cm dünne Scheiben schneiden. Die Sesamsamen in einer kleinen beschichteten Pfanne ohne Fett goldbraun rösten. Vom Herd nehmen.

3 Kohlrabi- und Mozzarellascheiben leicht überlappend auf einem Teller auslegen. Essig, Zitronensaft, Salz, Pfeffer und Olivenöl verquirlen, darüberträufeln. Mit dem gerösteten Sesam bestreuen. Kohlrabigrün in feine Streifen schneiden und zum Schluss obenauf streuen.

Nährwerte pro Portion:
504 kcal | 27 g E | 40 g F | 8 g KH | 3 g BS

Knusper-Champignons mit Gorgonzola-Dip

FÜR 1 PERSON

Zubereitung 35 Minuten

3 EL Milch
2 EL feines Dinkelvollkornmehl
1 EL gemahlene Mandeln
1 Ei
Salz, schwarzer Pfeffer
130 g Champignons
50 g Gorgonzola
4 EL Sahne
2 TL Walnussöl
abgeriebene Bio-Zitronenschale
Öl zum Frittieren
Petersilie zum Garnieren

1 Milch, Mehl, Mandeln und Ei glatt verrühren. Den Teig mit Salz und Pfeffer würzen, 15 Min. ruhen lassen. Die Pilze putzen und abreiben. Für den Dip den Gorgonzola mit einer Gabel zerdrücken, mit Sahne und Walnussöl verrühren. Mit Zitronenschale, Salz und Pfeffer würzen.

2 Das Öl zum Frittieren in einem Topf oder einer Fritteuse auf 180° erhitzen. Die Pilze durch den Teig ziehen und portionsweise im heißen Fett in 2–3 Min. goldgelb ausbacken, zwischendurch wenden. Herausheben und auf Küchenpapier kurz abtropfen lassen. Mit dem Gorgonzola-Dip anrichten und mit der Petersilie garnieren.

Nährwerte pro Portion:
765 kcal | 26 g E | 66 g F | 17 g KH | 4 g BS

INFO Zum Überziehen der Pilze benötigt man etwa doppelt so viel Ausbackteig, wie dann tatsächlich anhaftet und in den Nährwerten berechnet ist.

Kokos-Calamari mit Avocadodip

FÜR 1 PERSON

Zubereitung 30 Minuten

½ reife Avocado (ca. 125 g)
1 EL Limettensaft
½ TL Sambal oelek
1 EL Crème fraîche
1 Frühlingszwiebel
Salz, schwarzer Pfeffer
150 g kleine, frische Calamari (küchenfertig vorbereitet)
1 EL Kokosmehl (Reformhaus)
1 Ei
3 EL Kokosraspel
2 EL Olivenöl

1 Von der Avocado den Kern entfernen, das Fruchtfleisch aus der Schale heben und klein würfeln. Mit dem Limettensaft beträufeln. Ein Drittel vom Avocadofleisch mit ei ner Gabel zerdrücken und mit Sambal oelek und der Crème fraîche verrühren. Die Frühlingszwiebel waschen, putzen und weiße und hellgrüne Anteile fein würfeln. Mit den übrigen Avocadowürfeln unterheben. Den Dip mit Salz und Pfeffer abschmecken.

2 Die Calamari waschen, trocken tupfen und in Ringe schneiden. Mit Salz und Pfeffer würzen. Erst in dem Kokosmehl, dann in dem verquirlten Ei wenden, zuletzt mit den Kokosraspeln panieren.

3 Das Olivenöl in einer Pfanne erhitzen und die Calamari darin in 5 Min. von beiden Seiten goldbraun braten. Mit dem Avcoado-Dip servieren.

Nährwerte pro Portion:
913 kcal | 38 g E | 82 g F | 5 g KH | 15 g BS

Meeresfrüchtesuppe mit Aïoli

FÜR 2 PERSONEN

Zubereitung 45 Minuten

1 Packung TK-»Frutti-di-mare« (Meeresfrüchtemischung; 250 g Abtropfgewicht)
1 kleine Knoblauchzehe
Salz, schwarzer Pfeffer
1–2 TL Zitronensaft
2 EL Mayonnaise
1 Zwiebel, 3 Frühlingszwiebeln
2 junge Möhren (ca. 80 g)
80 g Kirschtomaten
1 EL Olivenöl
250 ml Fischfond (Glas)
Cayennepfeffer
½ Bund Dill, grob gehackt

1 Meeresfrüchte antauen lassen. Knoblauch schälen, sehr fein würfeln und mit Salz, Pfeffer und Zitronensaft unter die Mayonnaise rühren. Zwiebel schälen und fein würfeln. Frühlingszwiebeln waschen, putzen, das Weiße und Hellgrüne schräg in 2 cm große Stücke schneiden. Möhren putzen, schälen, längs vierteln und schräg in 1,5 cm lange Stücke schneiden. Tomaten waschen und halbieren.

2 Öl erhitzen, Zwiebeln und Möhren darin 2–3 Min. andünsten. Fond zugießen, aufkochen und 5 Min. bei mittlerer Hitze kochen. Meeresfrüchte abbrausen, abtropfen lassen und mit den Frühlingszwiebeln in den Topf geben. Offen bei milder Hitze in 15 Min. gar ziehen lassen. 5 Min. vor Ende der Garzeit die Tomaten dazugeben. Mit Salz und Cayennepfeffer würzen. Den gehackten Dill in die Suppe geben. Mit dem Aïoli servieren.

Nährwerte pro Portion:
258 kcal | 22 g E | 16 g F | 6 g KH | 2 g BS

Gelbe Paprikasuppe mit Shiitakepilzen

FÜR 1 PERSON

Zubereitung 30 Minuten

1 gelbe Paprikaschote
1 Schalotte
1 Knoblauchzehe
1 EL Olivenöl
1 TL rosenscharfes Paprikapulver
5 EL trockener Weißwein
200 ml Gemüsebrühe
½ TL getrockneter Rosmarin
Salz, schwarzer Pfeffer
1 TL Aceto balsamico bianco
1 EL Mascarpone
40 g Shiitakepilze

1 Die Paprikaschote waschen, putzen, entkernen und würfeln. Schalotte und Knoblauch schälen und fein würfeln. Das Öl in einem Topf erhitzen, Schalotten, Knoblauch und Paprikawürfel darin 3–4 Min. dünsten. Paprikapulver einrühren und kurz andünsten. Wein und Brühe dazugießen, Rosmarin zufügen, alles aufkochen, und die Suppe bei milder Hitze 10 Min. kochen lassen.

2 Die Suppe fein pürieren. Mit Salz, Pfeffer und Balsamessig würzen. Mascarpone einrühren und noch einmal kurz aufkochen lassen.

3 Kurz vor dem Servieren die Shiitakepilze abreiben, Stiele entfernen, Kappen in Streifen schneiden. In einer Pfanne bei starker Hitze 2–3 Min. unter Wenden braun braten. Herausnehmen und auf der Suppe servieren.

Nährwerte pro Portion:
246 kcal | 5 g E | 18 g F | 13 g KH | 8 g BS

Mediterrane Forelle in Folie

FÜR 1 PERSON

Zubereitung 15 Minuten
+ 30 Minuten Garen im Ofen

1 küchenfertige Forelle, ca. 400 g
Salz, schwarzer Pfeffer
1 Knoblauchzehe
3 Zweige Thymian
2 Scheiben von einer Bio-Zitrone
100 g gelbe, orange und rote Mini-Spitzpaprikaschoten
5 grüne paprikagefüllte Oliven
1 EL Kapern
Olivenöl zum Einfetten

1 Die Forelle waschen, trocken tupfen, innen und außen salzen und pfeffern. Die Knoblauchzehe schälen und in dünne Scheiben schneiden. Thymian abbrausen und trocken schütteln. Knoblauch, Thymian und Zitronenscheiben in die Bauchhöhle der Forelle füllen.

2 Den Backofen auf 220° vorheizen. Die Spitzpaprika waschen, putzen, entkernen und in dünne Ringe schneiden. Ein großes Stück Alufolie (etwa 30 x 30 cm) mit Olivenöl einpinseln. Die Forelle darauflegen. Paprikaringe, Oliven und Kapern obenauf verteilen. Die Alufolie über der Forelle zusammenfalten und die Enden gut verschließen. Die Päckchen auf ein kaltes Backblech legen. Im heißen Backofen (2. Schiene von unten, Umluft 200°) 30 Min. backen. Die Forelle aus dem Ofen nehmen und bei Tisch öffnen.

Nährwerte pro Portion:
345 kcal | 41 g E | 18 g F | 4 g KH | 3 g BS

Schollenröllchen mit grüner Sauce

FÜR 1 PERSON

Zubereitung 25 Minuten

2 Schollenfilets (etwa 160 g)
Salz, schwarzer Pfeffer
2 TL Zitronensaft
3 getrocknete Tomaten (in Öl)
1 EL Pinienkerne
1 EL gehackte Petersilie
1 Bund gemischte Kräuter, z. B. Petersilie, Basilikum, Kerbel
2 EL Joghurt
100 g Speisequark
1 EL Olivenöl
2 TL Weißweinessig
1 Mini-Römersalat

1 Die Fischfilets trocken tupfen, mit Salz, Pfeffer und Zitronensaft würzen. Tomaten abtropfen lassen, mit den Pinienkernen fein hacken. Die Petersilie untermischen. Alles salzen und pfeffern. Die Filets damit bestreichen und aufrollen. 100 ml Salzwasser aufkochen, die Röllchen hineingeben und bei milder Hitze 8–10 Min. dünsten.

2 Inzwischen die Kräuter waschen und trocken schütteln, die Blättchen abzupfen und grob hacken. Mit Joghurt und Quark glatt pürieren. Öl und Essig unterrühren, salzen und pfeffern. Salat waschen, putzen und längs vierteln. Mit den Schollenröllchen und der Sauce anrichten.

Nährwerte pro Portion:
537 kcal | 44 g E | 34 g F | 8 g KH | 1 g BS

Tipp Für eine herzhafte Note 50 g geräucherten, fein gewürfelten Bauchspeck in einer Pfanne kross auslassen und über den Salat und die Fischröllchen streuen.

Zanderfilet mit Artischockengemüse

FÜR 1 PERSON

Zubereitung 30 Minuten

4 Artischockenherzen (Dose)
2 Schalotten
1 Knoblauchzehe
4 kleine Strauchtomaten
1 Zanderfilet mit Haut (ca. 150 g; küchenfertig)
Salz, schwarzer Pfeffer
2 EL Olivenöl
2 TL Butter
2 Zweige Thymian
1 EL Aceto balsamico bianco
2 EL frisch gehackte Petersilie

1 Artischockenherzen abtropfen lassen (5 EL Artischockensud dabei auffangen) und vierteln. Schalotten schälen und halbieren. Knoblauch schälen und fein würfeln. Die Tomaten waschen und in Scheiben schneiden. Das Filet waschen und trocken tupfen. Die Hautseite drei- bis viermal schräg einschneiden, salzen und pfeffern. 1 EL Öl Pfanne erhitzen. Das Zanderfilet auf der Hautseite bei starker Hitze 5 Min. braten. Hitze reduzieren, die Butter zugeben, den Fisch wenden und weitere 2 Min. braten.

2 Während der Fisch brät, übriges Öl erhitzen. Schalotten darin 2 Min. dünsten. Thymian waschen und trocken schütteln. Mit Knoblauch, Artischocken und Tomaten zu den Schalotten geben. Alles mit Essig und dem Artischockensud ablöschen und 1 Min. dünsten. Petersilie untermischen. Salzen, pfeffern und mit dem Fisch anrichten.

Nährwerte pro Portion:
473 kcal | 28 g E | 30 g F | 22 g KH | 3 g BS

Jakobsmuscheln auf grünem Salat

FÜR 1 PERSON

Zubereitung 20 Minuten

80 g gemischte Salatblätter (Kühlregal; küchenfertig geputzt und gewaschen, z. B. Feldsalat, Frisée, Rucola)
1 Schalotte
1 EL Weißweinessig
1 EL Orangensaft
Salz, schwarzer Pfeffer
1 EL Traubenkernöl
3 frische, ausgelöste Jakobsmuscheln (ca. 100 g)
2 TL Butter
1 EL Mandelblättchen
1 EL Crème fraîche

1 Die Salatblätter auf einem großen Teller anrichten. Die Schalotte schälen und sehr fein würfeln. Essig, Orangensaft, Salz und Pfeffer mit dem Öl verrühren. Die Schalotten unterheben. Die Vinaigrette über den Salat träufeln.

2 Die Muscheln abbrausen und trocken tupfen, mit Salz und Pfeffer würzen. Die Butter in einer kleinen Pfanne erhitzen. Die Jakobsmuscheln darin auf jeder Seite 2 Min. anbraten. Herausnehmen und beiseitelegen. Die Mandeln in den Bratensatz geben und kurz anrösten.

3 Die Muscheln auf dem Salat anrichten. Die Mandeln darüber verteilen. Die Crème fraîche dazu servieren.

Nährwerte pro Portion:
381 kcal | 10 g E | 35 g F | 7 g KH | 3 g BS

Tipp Keine Jakobsmuscheln im Angebot? Dann nehmen Sie stattdessen geschälte rohe Tiefseegarnelen.

Lachstatar mit Spiegelei und Gurken

FÜR 1 PERSON

Zubereitung 25 Minuten

60 g geräucherter Lachs
1 Schalotte
3 Zweige Dill
1 EL Limettensaft
Salz, schwarzer Pfeffer
1 TL frisch geriebener Meerrettich
1 Minigurke (ca. 150 g)
1 TL Essig
1 EL Rapsöl
1 TL Butter, 1 Ei

Tipp Mögen Sie es lieber kräftiger? Dann nehmen Sie statt Räucherlachs geräucherte Makrele für das Tatar.

1 Den Lachs in kleine Würfel schneiden. Schalotte schälen und sehr fein hacken. Dill abbrausen, abzupfen und hacken. Lachs, Schalotten, Dill und Limettensaft vermischen. Mit Salz, Pfeffer und Meerrettich würzen. Tatar kalt stellen, bis der Salat vorbereitet ist.

2 Gurke waschen, abtrocknen und streifig schälen, dann in feine Scheiben hobeln. In einer Schüssel mit Essig, Salz, Pfeffer und Öl beträufeln und 10 Min. ziehen lassen.

3 Inzwischen die Butter in einer kleinen beschichteten Pfanne erhitzen, das Ei aufschlagen und bei mittlerer Hitze ein Spiegelei braten, leicht salzen und pfeffern. Mit dem Lachstatar und Gurkensalat anrichten.

Nährwerte pro Portion:
410 kcal | 25 g E | 32 g F | 5 g KH | 1 g BS

Thunfisch-Carpaccio mit Champignons

FÜR 1 PERSON

Zubereitung 20 Minuten
+ 30 Minuten Gefrieren

100 g frisches Thunfischfilet (Sushi-Qualität)
50 g kleine weiße Champignons
3 eingelegte, getrocknete Tomaten und 3 TL Tomatenöl (Glas)
1 EL Zitronensaft
Salz, schwarzer Pfeffer aus der Mühle
1 EL Olivenöl
1 EL gehackter Dill

1 Das Thunfischfilet 30 Min. ins Gefrierfach legen, dann mit einem scharfen Messer in hauchdünne Scheiben schneiden. Champignons putzen, abreiben und in dünne Scheiben schneiden. Die Tomaten in einem Sieb abtropfen lassen. Einen großen Teller mit 2 TL Tomatenöl einstreichen. Die Thunfischscheiben überlappend darauflegen, und die Champignons darüber verteilen.

2 Zitronensaft, Salz, Pfeffer, Olivenöl und das übrige Tomatenöl verrühren. Die getrockneten Tomaten in feine Streifen schneiden und auf das Carpaccio streuen. Die Vinaigrette darüberträufeln. Mit dem Dill bestreuen.

Nährwerte pro Portion:
492 kcal | 23 g E | 43 g F | 1 g KH | 1 g BS

Tipp Wenn Sie das Carpaccio als Mittagessen servieren, können Sie dazu noch 1 Scheibe Protein-Leinsamenbrot (S. 168; ca. 50 g) reichen.

Nizzasalat mit Anchovis

FÜR 1 PERSON

Zubereitung 25 Minuten

75 g grüne Bohnen
Salz
1 Pastinake (ca. 125 g)
1 Mini-Römersalat
1 Tomate
1 hart gekochtes Ei
4 Anchovis in Öl (Glas)
4 grüne Oliven
1 EL Weißweinessig
schwarzer Pfeffer
1 EL Olivenöl
½ Knoblauchzehe

1 Bohnen waschen, putzen, halbieren und in kochendem Salzwasser 5 Min. garen. Pastinake putzen, schälen und in Scheiben schneiden. Zugeben und 3 Min. mitkochen. Alles in ein Sieb abgießen, abschrecken und abtropfen lassen.

2 Salat waschen, putzen und in mundgerechte Stücke zerpflücken. Die Tomate waschen, das Ei pellen und beides achteln. Salat, Bohnen, Pastinaken, Tomaten, Eier, abgetropfte Anchovis und Oliven auf einem Teller anrichten.

3 Für die Vinaigrette den Essig, 1 EL Wasser, Salz, Pfeffer und Olivenöl gründlich verquirlen. Knoblauch schälen und dazudrücken. Die Vinaigrette über den Salat träufeln.

Nährwerte pro Portion:
348 kcal | 20 g E | 21 g F | 20 g KH | 5 g BS

Tipp Statt der Anchovis können Sie auch geräuchertes Makrelenfilet oder Thunfisch aus der Dose servieren.

Bunter Flusskrebssalat

FÜR 1 PERSON

Zubereitung 15 Minuten

100 g Flusskrebsschwänze (Kühlregal)
½ kleine weiße Zwiebel
6 Kirschtomaten
½ Stange Staudensellerie (mit Grün)
1 grüne Spitzpaprikaschote
1 kleine Knoblauchzehe
½ Bio-Limette
Salz, schwarzer Pfeffer
1 EL Olivenöl
1 EL Sahnejoghurt

1 Die Flusskrebsschwänze abbrausen und abtropfen lassen. Die Zwiebel schälen und in feine Streifen schneiden. Die Tomaten waschen und halbieren. Den Staudensellerie waschen, putzen, 3 Sellerieblätter abschneiden und beiseitelegen. Den Sellerie in feine Scheiben schneiden. Die Spitzpaprika waschen, putzen, entkernen, halbieren und in feine Halbringe schneiden.

2 Die Sellerieblätter fein hacken. Knoblauchzehe schälen und fein würfeln. Die Limette heiß waschen und abtrocknen, die Schale fein abreiben und 1 EL Saft auspressen. Die Sellerieblätter, Limettenschale und -saft, Salz und Pfeffer mit dem Öl in einer kleinen Schüssel verrühren. Den Joghurt unterheben. Alle Salatzutaten (Krebsfleisch, Zwiebeln, Tomaten, Sellerie und Paprika) in dem Dressing wenden. Mit Salz und Pfeffer abschmecken.

Nährwerte pro Portion:
218 kcal | 17 g E | 12 g F | 9 g KH | 3 g BS

Sesam-Fischfilet mit Spinatsalat

FÜR 1 PERSON

Zubereitung 20 Minuten

75 g Babyspinat (geputzt; Kühlregal)
1 Frühlingszwiebel
4 Kirschtomaten
1 EL Öl, 1 TL Sesamöl
1 ½ EL Sojasauce (Tamari; Reformhaus)
schwarzer Pfeffer
1 Pangasiusfilet (ca. 150 g)
1 Eigelb (von 1 kleinen Ei)
1 EL Sahne
1 EL Sesamsamen
2 TL Butter

1 Den Spinat waschen und abtropfen lassen. Die Frühlingszwiebel waschen, putzen und schräg in feine Ringe schneiden. Die Tomaten waschen und vierteln.

2 Öl und Sesamöl in einer Pfanne erhitzen. Frühlingszwiebeln und Spinat darin zugedeckt 2–3 Min. bei mittlerer Hitze dünsten. Vom Herd nehmen, mit 1 EL Sojasauce und Pfeffer würzen. Die Tomaten unterheben. Den Salat lauwarm abkühlen lassen.

3 Inzwischen das Fischfilet waschen, trocken tupfen und mit der übrigen Sojasauce beträufeln. Das Eigelb mit der Sahne und dem Sesam verrühren und den Fisch darin wenden. Die Butter in einer kleinen beschichteten Pfanne zerlassen und das Fischfilet darin von jeder Seite 2–3 Min. goldbraun braten. Mit dem Spinatsalat anrichten.

Nährwerte pro Portion:
497 kcal | 26 g E | 41 g F | 6 g KH | 3 g BS

Marinierter Spargel mit Graved Lachs

FÜR 1 PERSON

Zubereitung 20 Minuten
+ 1 Stunde Marinieren

Salz
1 TL Butter
250 g weißer Spargel
1 EL Weißweinessig
1 TL Senf
Salz, schwarzer Pfeffer
1 ½ EL Olivenöl
3–4 Zweige Dill
80 g Graved Lachs, in Scheiben

1 In einem Topf Wasser mit Salz und Butter zum Kochen bringen. Spargel schälen, die Enden abschneiden und die Stangen im Salzwasser 8–10 Min. kochen. Herausheben, abtropfen lassen und auf einem Teller anrichten.

2 Für die Marinade 1 EL Spargelsud, Essig, Senf, Salz und Pfeffer mit dem Olivenöl verquirlen und über den Spargel gießen. 1 Std. abkühlen lassen.

3 Den Dill waschen und trocken schütteln, die Blättchen abzupfen und hacken. Auf den Spargel streuen. Den Graved Lachs dazu anrichten.

Nährwerte pro Portion:
279 kcal | 20 g E | 30 g F | 6 g KH | 2 g BS

Tipp Wenn Sie berufstätig sind, können Sie den Spargel auch schon am Vorabend marinieren und bis zum nächsten Tag im Kühlschrank durchziehen lassen.

Lammfilet mit grünen Bohnen

FÜR 1 PERSON

Zubereitung 30 Minuten

125 g grüne Bohnen
Salz
1 kleine rote Zwiebel
2 Lammfilets (je ca. 60 g)
schwarzer Pfeffer
1 ½ EL Olivenöl
2 TL Tomatenmark
50 ml Fleischbrühe
1 TL gehackter Rosmarin
1 EL Sahnejoghurt

1 Die Bohnen waschen, putzen, quer halbieren und in kochendem Salzwasser 8–10 Min. garen. Dann abschrecken und abtropfen lassen. Inzwischen die Zwiebel schälen, halbieren und in feine Streifen schneiden. Die Lammfilets trocken tupfen, rundum mit Salz und Pfeffer würzen. In einer Pfanne 1 EL Ol erhitzen und die Filets darin bei starker Hitze 2–3 Min. auf jeder Seite anbraten. Aus der Pfanne nehmen und in Alufolie ruhen lassen.

2 Das übrige Öl im Bratfett erhitzen, die Zwiebeln darin glasig dünsten. Tomatenmark dazugeben, die Brühe angießen und alles aufkochen lassen. Bohnen zugeben und mit Salz, Pfeffer und Rosmarin würzen. Die Lammfilets aus der Folie nehmen. Den Bratensaft zum Gemüse geben. Fleisch schräg in Stücke schneiden und mit den Bohnen und dem Joghurt anrichten.

Nährwerte pro Portion:
477 kcal | 29 g E | 34 g F | 12 g KH | 3 g BS

Paprika-Minutensteaks

FÜR 1 PERSON

Zubereitung 20 Minuten

je 1 kleine rote und gelbe Paprikaschote
1 Handvoll Rucola
3 Zweige Thymian
1 kleine Knoblauchzehe
4 Rinder-Minutensteaks (Hüfte; à ca. 30 g)
schwarzer Pfeffer
1 ½ EL Olivenöl
1 EL Aceto balsamico
3 EL Fleischbrühe
Salz

1 Die Paprikaschoten waschen, putzen, entkernen und in feine Streifen schneiden. Rucola abbrausen, trocken schütteln und grobe Stängel abknipsen. Die Thymianzweigen waschen und trocken schütteln, die Blättchen abzupfen und hacken. Knoblauchzehe schälen und fein würfeln. Die Steaks trocken tupfen und beidseitig pfeffern.

2 In einer Pfanne 1 EL Öl erhitzen, Paprikastreifen und Knoblauch darin bei mittlerer Hitze 5 Min. braten. Mit Essig und Brühe ablöschen, salzen und pfeffern. Das Gemüse aus der Pfanne nehmen und warm stellen.

3 Danach das übrige Öl in der Pfanne erhitzen und die Minutensteaks mit dem Thymian beidseitig 1–2 Min. braten. Rucola zum Gemüse geben. Die Steaks salzen und auf dem Gemüse anrichten. Sofort servieren.

Nährwerte pro Portion:
390 kcal | 31 g E | 22 g F | 14 g KH | 12 g BS

Asia-Hähnchen in der Papierhülle

FÜR 1 PERSON

Zubereitung 20 Minuten
+ 15 Minuten Garen im Ofen

75 g Shiitakepilze
100 g Chinakohlblätter
1 Hähnchenbrustfilet (ca. 150 g)
Salz, schwarzer Pfeffer
1 EL Öl
1 EL Sojasauce (Tamari; Reformhaus)
3 EL Gemüsebrühe
2 TL dunkles Sesamöl
3–4 Zweige Koriandergrün
Außerdem: 2 Bögen Backpapier
(à ca. 40 x 40 cm), Küchengarn

INFO Shiitakepilze werden nicht allein wegen ihres Aromas geschätzt. Ihnen werden auch eine Reihe von positiven Wirkungen für die Gesundheit zugeschrieben. So sollen regelmäßige Mahlzeiten mit diesen Pilzen ein geschwächtes Immunsystem und das Herz stärken, antiviral, antiallergisch, antibakteriell sowie gegen Entzündungen und Tumoren wirken, Cholesterin und Blutdruck senken und Beschwerden wie Migräne und Durchblutungsstörungen lindern. Zudem liefert der Pilz als eine der wenigen pflanzlichen Quellen eine Vorstufe von Vitamin D, das Ergosterin. Shiitake ist wie alle Pilze ein wertvoller Eiweißlieferant. Er enthält reichlich Ballaststoffe, Mineralstoffe, vor allem Eisen, Kalzium, Kalium und Zink und Vitamine aus der B-Gruppe. Genug Gründe also, Shiitakepilze öfters auf den Tisch zu bringen!

1 Die Pilze abreiben, die Stiele entfernen und die Kappen halbieren. Chinakohl waschen, putzen und in Streifen schneiden. Pilze und Chinakohl mischen. Das Hähnchenfilet waschen, trocken tupfen und beidseitig salzen und pfeffern.

2 Backofen auf 180° (Umluft 160°) vorheizen. Das Öl stark erhitzen. Das Fleisch darin 2 Min. auf jeder Seite anbraten, dann aus der Pfanne nehmen.

3 Das Backpapier übereinanderlegen. Das Gemüse auf die Mitte der Papierquadrate geben, dann das Fleisch darauflegen. Alles mit Sojasauce, Brühe und Sesamöl beträufeln. Das Papier locker mit Küchengarn verschließen. Das Päckchen im Ofen (2. Schiene von unten) 10–15 Minuten garen.

4 Inzwischen das Koriandergrün waschen, trocken schütteln und die Blättchen abzupfen. Die Päckchen auf einem Teller anrichten, öffnen und mit den abgezupften Korianderblättern bestreuen.

Nährwerte pro Portion:
402 kcal | 36 g E | 23 g F | 8 g KH | 4 g BS

VARIANTE **Hirschfilet in Pergament**
150 g Lauch waschen und putzen, 1 Möhre schälen. Beides in feine 5–6 cm lange Streifen schneiden. In kochendem Salzwasser 1 Min. blanchieren. Abschrecken, abtropfen lassen, salzen und pfeffern. 2 Hirschrückenfilets (je etwa 60 g) trocken tupfen, flach drücken, beidseitig salzen und pfeffern. In einer Pfanne 1 EL Öl erhitzen. Die Filets darin bei mittlerer Hitze von jeder Seite 1 Min. anbraten. Herausnehmen. 2 Bögen Backpapier gemäß Rezept vorbereiten. Die Hälfte des Gemüses, dann die Filets darauflegen, übriges Gemüse obenauf verteilen. Mit 5 EL Fleischbrühe beträufeln und verschließen. Im heißen Ofen bei 180° (2. Schiene von unten, Umluft 160°) 10–15 Min. garen.

Putenspieße mit Tomatensalsa

FÜR 1 PERSON

Zubereitung 25 Minuten

1 große Strauchtomate
1 Frühlingszwiebel
4 schwarze Oliven (ohne Stein)
Salz, schwarzer Pfeffer
1 EL Limettensaft
100 g Putenbrustfilet
100 g dünne Zucchini
1/4 rote Paprikaschote
1 EL Olivenöl
Außerdem: 2 Schaschlikspieße

Tipp Eine exotische Note bekommt die Salsa, wenn Sie noch 1 EL gehacktes Koriandergrün unterheben.

1 Die Tomate waschen, halbieren, entkernen und klein würfeln. Die Frühlingszwiebel putzen, waschen, das Weiße und Hellgrüne in feine Ringe schneiden. Die Oliven fein würfeln. Tomaten, Frühlingszwiebeln und Oliven mischen und mit Salz, Pfeffer und Limettensaft würzen.

2 Das Fleisch waschen und trocken tupfen, in 2 cm große Würfel schneiden. Zucchini waschen, putzen und in 2 cm starke Scheiben schneiden. Das Paprikaviertel waschen, putzen, entkernen und in 2 cm große Stücke schneiden. Fleisch, Zucchini und Paprika abwechselnd auf die Spieße stecken, rundherum salzen und pfeffern.

3 Das Öl in einer beschichteten Pfanne erhitzen und die Spieße darin bei mittlerer Hitze in 10 Min. rundherum goldbraun braten. Mit der Tomatensalsa servieren.

Nährwerte pro Portion:
263 kcal | 27 g E | 14 g F | 6 g KH | 4 g BS

Kalbs-Saltimbocca mit Lauchgemüse

FÜR 1 PERSON

Zubereitung 20 Minuten

2 dünne Kalbsschnitzel
(je etwa 60 g)
Salz, schwarzer Pfeffer
2 Scheiben Parmaschinken
2 Salbeiblätter
1 Stange Lauch (ca. 250 g)
1 Knoblauchzehe
1 EL Butter
100 ml Kalbsfond (Glas)
oder Hühnerbrühe
5 EL Sahne
frisch geriebene Muskatnuss
2 TL Öl
Außerdem: Holzstäbchen

1 Die Kalbsschnitzel trocken tupfen und mit einem Plattiereisen flach streichen. Auf beiden Seiten mit Salz und Pfeffer würzen, mit je 1 Scheibe Parmaschinken und 1 Salbeiblatt belegen. Das Fleisch zusammenklappen und mit Holzstäbchen zustecken.

2 Den Lauch putzen, gründlich waschen, die weißen und hellgrünen Teile schräg in 1 cm dicke Scheiben schneiden. Den Knoblauch schälen und fein würfeln. Butter in einer Pfanne erhitzen, Lauch und Knoblauch darin 1 Min. andünsten. Den Fond zugießen und alles zugedeckt 5 Min. dünsten. Die Sahne hinzufügen und in 2–3 Min. cremig einkochen lassen. Mit Salz, Pfeffer und Muskat würzen.

3 Das Öl in einer Pfanne erhitzen. Saltimbocca darin bei mittlerer Hitze 2 Min. braten, wenden und weitere 2 Min. braten. Zu dem Lauchgemüse servieren.

Nährwerte pro Portion:
579 kcal | 40 g E | 42 g F | 10 g KH | 4 g BS

Hähnchenfilet mit Pfefferkruste

FÜR 1 PERSON

Zubereitung 20 Minuten

1 Hähnchenbrustfilet (etwa 150 g)
Salz
1 TL schwarze Pfefferkörner
1 TL Koriandersamen
1 EL Olivenöl
4 EL passierte Tomaten (Dose)
1 TL Obstessig
2 TL Sojasauce (Tamari; Reformhaus)
1 Knoblauchzehe
1–2 Msp. Currypulver, Pfeffer
1 kleiner Chicorée
Außerdem: Grillpfanne

1 Das Hähnchenfilet waschen, trocken tupfen und leicht mit Salz würzen. Pfefferkörner und Koriandersamen grob schroten oder im Mörser zerstoßen. Das Fleisch beidseitig in der Pfeffermischung wenden. Das Öl in einer Grillpfanne erhitzen und das Fleisch bei mittlerer Hitze auf beiden Seiten 7 Min. braten. Herausnehmen und in Alufolie gewickelt 2 Min. ziehen lassen.

2 Inzwischen die Tomaten mit Essig und Sojasauce in einem kleinen Topf verrühren. Die Knoblauchzehe schälen und dazudrücken. Mit Curry würzen, 2–3 Min. bei milder Hitze kochen lassen. Mit Salz und Pfeffer würzen.

3 Chicorée waschen, putzen und in Blätter zerlegen, den Strunk dabei entfernen. Das Fleisch schräg in Scheiben schneiden, mit dem Chicorée und der Sauce anrichten.

Nährwerte pro Portion:
295 kcal | 34 g E | 13 g F | 6 g KH | 2 g BS

Puten-Ricotta-Röllchen mit grünem Spargel

FÜR 1 PERSON

Zubereitung 25 Minuten

200 g grüner Spargel
Salz
1 EL Aceto balsamico bianco
1 EL Zitronensaft
schwarzer Pfeffer
1 EL Olivenöl
1 mittelgroße Tomate
4 schwarze Oliven ohne Stein
1 kleine Frühlingszwiebel
100 g Ricotta
1 EL frisch geriebener Parmesan
4 Scheiben gekochter Putenschinken (ca. 60 g)
3 Basilikumblätter

1 Den Spargel putzen, waschen und das untere Drittel schälen. Spargelstangen schräg in 3–4 cm breite Stücke schneiden. In kochendem Salzwasser in 6 Min. bissfest garen, dann abgießen und abtropfen lassen.

2 Inzwischen Essig, Zitronensaft, Salz, Pfeffer und das Öl mischen. Den Spargel darin wenden und ziehen lassen.

3 Die Tomate waschen, halbieren, entkernen und klein würfeln. Oliven hacken. Frühlingszwiebel waschen, putzen, das Weiße und Hellgrüne fein würfeln. Alles mit Ricotta und Parmesan vermischen, salzen und pfeffern.

4 Die Schinkenscheiben nebeneinander auf die Arbeitsfläche legen, mit der Ricottamasse bestreichen. Zu Röllchen formen. Basilikumblätter abreiben und die Röllchen damit garnieren. Mit dem marinierten Spargel servieren.

Nährwerte pro Portion:
434 kcal | 27 g E | 32 g F | 9 g KH | 3 g BS

Kalter Braten italienisch

FÜR 1 PERSON

Zubereitung 15 Minuten

1 EL grob gehackte Walnüsse
100 g Schweinebraten-Aufschnitt
4 kleine Strauchtomaten
1 Frühlingszwiebel
2 eingelegte grüne Peperoni, abgetropft
1 EL Weißweinessig
Salz, schwarzer Pfeffer aus der Mühle
1 EL Olivenöl
2 TL Walnussöl

1 Die Walnüsse in einer Pfanne ohne Fett goldbraun anrösten, vom Herd nehmen und abkühlen lassen.

2 Inzwischen den Aufschnitt leicht überlappend auf einem Teller auslegen. Tomaten waschen und in Scheiben schneiden. Frühlingszwiebel waschen, putzen, das Weiße und Hellgrüne in Scheiben schneiden. Peperoni in Ringe schneiden. Alles auf dem Fleisch verteilen.

3 Essig, Salz, Pfeffer und die Öle verrühren und darübergeben. Mit Walnüssen bestreuen, mit Pfeffer übermahlen.

Nährwerte pro Portion:
465 kcal | 24 g E | 36 g F | 10 g KH | 6 g BS

INFO Walnussöl ist wegen seines hohen Anteils an mehrfach ungesättigten Fettsäuren sehr wertvoll. Da es kalt gepresst ist, sollte es nicht lange und hoch erhitzt werden – das zerstört die Inhaltstoffe.

Kalbssülze mit pochiertem Ei

FÜR 1 PERSON

Zubereitung 15 Minuten

1 Scheibe Kalbfleischsülze (von der Frischtheke, ca.100 g)
3 EL Rotweinessig
½ TL Senf
Salz, schwarzer Pfeffer
1 EL kalt gepresstes Rapsöl
2 TL Kapern (Glas)
1 Cornichon
3 Zweige Dill
2 Eier

1 Die Kalbfleischsülze in Streifen schneiden und auf einem Teller anrichten. Für die Vinaigrette 1 EL Essig, 1 EL Wasser, Senf, Salz, Pfeffer und das Öl verrühren. Kapern abtropfen lassen und hacken, Cornichon fein würfeln. Den Dill waschen und trocken schütteln, die Blättchen abzupfen und bis auf ein paar Blättchen mit den Kapern und der Gurke unter die Vinaigrette mischen.

2 In einem Topf 375 ml Wasser mit dem übrigen Essig aufkochen. Die beiden Eier nacheinander einzeln in eine Schöpfkelle aufschlagen und langsam in das kochende Essigwasser gleiten lassen. Bei schwacher Hitze darin 3–4 Min. pochieren. Die Eier mit einer Schaumkelle herausheben und gut abtropfen lassen.

3 Die pochierten Eier neben der Kalbssülze anrichten, Kapern-Vinaigrette darüberträufeln. Mit Dill garnieren.

Nährwerte pro Portion:
393 kcal | 35 g E | 26 g F | 4 g KH | 0 g BS

Fenchelrohkost mit Papaya und Bündner Fleisch

FÜR 1 PERSON

Zubereitung 20 Minuten
+ 20 Minuten Marinieren

1 kleine Fenchelknolle (ca. 150 g)
1 kleine rote Zwiebel
1 kleine rote Chilischote
3 EL Orangensaft
2 EL Zitronensaft
Salz, schwarzer Pfeffer
2 EL Olivenöl
½ reife Papaya (ca. 200 g)
30 g Bündner Fleisch (Aufschnitt)

1 Fenchel vierteln und putzen, das Kraut abschneiden und beiseitelegen. Die Zwiebel schälen, halbieren und mit dem Fenchel in dünne Scheiben schneiden. Chilischote längs aufschneiden, entkernen und fein würfeln.

2 Orangensaft, 1 EL Zitronensaft, Salz und Pfeffer und Öl verquirlen. Fenchel- und Zwiebelstreifen sowie die Chili darin wenden, zugedeckt 20 Min. ziehen lassen.

3 Papaya halbieren, entkernen, schälen und längs in Scheiben schneiden. Auf einem Teller anrichten, mit dem übrigen Zitronensaft beträufeln. Rohkost und Bündner Fleisch dazulegen. Fenchelgrün hacken, obenauf streuen.

Nährwerte pro Portion:
356 kcal | 15 g E | 23 g F | 9 g KH | 3 g BS

Tipp Geräucherter Lachs, Heilbutt oder Forelle statt Bündner Fleisch sind ebenfalls eine Kostprobe wert.

Krakauer-Käse-Salat

FÜR 1 PERSON

Zubereitung 15 Minuten
+ 10 Minuten Ruhen

1 Krakauer (ca. 75 g)
100 g Emmentaler
1 kleine rote Spitzpaprikaschote
2 kleine Frühlingszwiebeln
1 EL Weißweinessig
1 TL scharfer Senf
Salz, schwarzer Pfeffer
1 EL Traubenkernöl
½ Beet Kresse

1 Die Krakauer in ½ cm dünne Scheiben schneiden. Den Käse in ½ cm breite Stifte schneiden. Die Spitzpaprika waschen, putzen und halbieren. Die Hälften entkernen und in feine Streifen schneiden. Frühlingszwiebeln waschen und putzen, die weißen und hellgrünen Teile schräg in feine Ringe schneiden.

2 In einer kleinen Schüssel Essig, Senf, Salz, Pfeffer und das Öl verrühren. Krakauer, Emmentaler, Lauch und Paprika unterheben. Den Salat 10 Min. ziehen lassen, dann die Kresse abschneiden und unterheben.

Nährwerte pro Portion:
719 kcal | 42 g E | 59 g F | 4 g KH | 4 g BS

Tipp Den Wurstsalat können Sie auch prima mit Lyoner oder Wiener Würstchen abwandeln.

Salat mit Lebercreme-Nocken

FÜR 1 PERSON

Zubereitung 20 Minuten

1 EL gehackte Haselnüsse
50 g feine Kalbsleberwurst
1 TL frisch gehackter Thymian
1 EL Schmand
Salz, schwarzer Pfeffer
3–4 Blätter Eichblattsalat (ca. 60 g)
50 g Himbeeren
1 EL Obstessig
½ TL scharfer Senf
1 EL Rapsöl
2 TL Haselnuss- oder Walnussöl

1 Die Haselnüsse in einer Pfanne ohne Fett anrösten, vom Herd nehmen und abkühlen lassen. Die Leberwurst mit Thymian und Schmand verrühren, mit Salz und Pfeffer würzen. Die Lebercreme abgedeckt kalt stellen.

2 Den Salat waschen, trocken schleudern, putzen und in Stücke zupfen. Die Himbeeren verlesen. Essig, Senf, Salz, Pfeffer, Raps- und Nussöl verrühren. Den Salat darin wenden und anrichten. Die Himbeeren darüberstreuen.

3 Einen Teelöffel kurz in warmes Wasser tauchen. Von der Lebercreme kleine Nocken abstechen und auf dem Salat anrichten. Mit den gerösteten Haselnüssen bestreuen.

Nährwerte pro Portion:
492 kcal | 9 g E | 41 g F | 21 g KH | 1 g BS

Tipp Mit dem Salat können Sie auch sehr gut Gäste bewirten. Die Lebercreme lässt sich gut vorbereiten.

Feldsalat mit Schinken und Feige

FÜR 1 PERSON

Zubereitung 12 Minuten

1 reife blaue Feige
50 g Feldsalat
1 EL Aceto balsamico
2 EL Orangensaft
Salz, schwarzer Pfeffer
1 EL Olivenöl
1 TL grüne Pfefferkörner (Glas)
6 Scheiben Lachsschinken
20 g Parmesan

1 Die Feige waschen, vorsichtig abtrocknen und in Spalten schneiden. Den Feldsalat waschen, trocken schleudern und verlesen. Für die Vinaigrette den Balsamessig, Orangensaft, Salz, Pfeffer und das Öl verrühren. Die grünen Pfefferkörner unterheben.

2 Feigenspalten und Feldsalat auf einem Teller dekorativ anrichten und mit der Pfeffer-Vinaigrette beträufeln. Den Lachsschinken locker dazulegen.

3 Den Parmesan auf einer Reibe in Späne hobeln und auf den Teller streuen.

Nährwerte pro Portion:
310 kcal | 25 g E | 19 g F | 7 g KH | 1 g BS

Tipp Statt Feige passen auch 2–3 Erdbeeren oder 2–3 EL rote Johannisbeeren zu dem pfeffrigen Feldsalat.

Rhabarber-Quarkspeise

FÜR 4 PERSONEN

Zubereitung 25 Minuten
+ 2 Stunden Kühlen

500 g Rhabarber
1 Bio-Orange
40 g Rohrohrzucker
½ gestr. TL (1 g) pflanzliches Bindemittel (Reformhaus; s. Info S. 182)
1 Vanilleschote
400 g Speisequark
2 EL Agavensirup
150 ml Sahne
1 EL gehackte Pistazien
1 Zweig Minze

1 Den Rhabarber waschen, putzen, entfädeln und schräg in 2 cm breite Stücke schneiden. Die Orange heiß waschen und abtrocknen, die Schale fein abreiben und den Saft (etwa 125 ml) auspressen.

2 Den Zucker in einem Topf schmelzen lassen. Mit Orangensaft ablöschen, unter Rühren kochen, bis sich der Karamell aufgelöst hat. Rhabarber und Orangenschale dazugeben und zugedeckt bei milder Hitze 5 Min. dünsten. Mit dem Bindemittel andicken und abkühlen lassen.

3 Inzwischen die Vanilleschote längs aufschneiden. Das Mark herauskratzen und mit Quark und Agavensirup verrühren. Sahne steif schlagen und unterheben. Abwechselnd Kompott und Quarkmischung in vier Gläser schichten. 2 Std. kalt stellen. Mit Pistazien und Minze garnieren.

Nährwerte pro Portion:
364 kcal | 13 g E | 25 g F | 20 g KH | 3 g BS

Limetten-Kokos-Mousse

FÜR 4 PERSONEN

Zubereitung 25 Minuten
+ mind. 3 Stunden Kühlen

3 Blatt weiße Gelatine
1 Bio-Limette
2 Eier
1 EL Fruchtzucker
400 g ungesüßte Kokoscreme (Dose)
250 g Erdbeeren
1 EL Rohrohrzucker
2 EL weißer Rum
einige Kokosspäne (roh geraffelt oder geröstet)

1 Die Gelatine in kaltem Wasser 5 Min. einweichen. Die Limette heiß waschen und abtrocknen, die Schale fein abreiben und den Saft auspressen. Eier, Fruchtzucker, Limettenschale und -saft in einer Metallschüssel verrühren und über einem heißen, aber nicht kochenden Wasserbad dickcremig aufschlagen. Die Gelatine ausdrücken und in der Eiercreme auflösen. Kokoscreme unterrühren und die Masse 1 Std. kalt stellen, bis sie zu gelieren beginnt.

2 Inzwischen die Erdbeeren waschen, die Kelchblätter entfernen und die Beeren klein schneiden. Mit dem Rohrzucker und Rum vermischen und in vier Gläser verteilen.

3 Die Kokosmasse noch einmal kurz aufschlagen, dann auf die Erdbeeren verteilen. Mindestens 2 Std. oder über Nacht kalt stellen. Mit frisch gehobelten oder gerösteten Kokosspänen bestreuen.

Nährwerte pro Portion:
845 kcal | 11 g E | 79 g F | 19 g KH | 2 g BS

Pfirsich-Beeren-Salat mit Sekt-Zabaione

FÜR 4 PERSONEN

Zubereitung 20 Minuten

2 EL Pinienkerne
1 großer reifer Pfirsich oder 1 Nektarine (ca. 200 g)
100 g rote Johannisbeeren
100 g Himbeeren
1 EL Zitronensaft
1 EL Ahornsirup
2 Eigelbe
1 EL Rohrohrzucker
100 ml trockener Sekt

1 Die Pinienkerne in einer trockenen Pfanne ohne Fett goldbraun rösten, vom Herd nehmen und abkühlen lassen. Pfirsich oder Nektarine waschen, halbieren, entsteinen und die Hälften in Spalten schneiden. Die Johannisbeeren abbrausen und abtropfen lassen. Johannisbeeren und Himbeeren verlesen. Die Früchte vorsichtig mischen, mit dem Zitronensaft und Ahornsirup beträufeln.

2 Die Eigelbe mit dem Rohrzucker und Sekt in einer Metallschüssel im kochenden Wasserbad mit den Schneebesen des Handrührgeräts in 5 Min. cremig aufschlagen. Die Früchte mit der Zabaione sofort in Schälchen geben. Mit den Pinienkernen bestreuen.

Nährwerte pro Portion:
175 kcal | 3 g E | 6 g F | 22 g KH | 2 g BS

Tipp Möchten Sie lieber auf Alkohol verzichten? Dann schlagen Sie die Eigelbe mit Kefir auf.

Melonensalat mit Vanille-Mascarponecreme

FÜR 4 PERSONEN

Zubereitung 20 Minuten

½ Cantaloup- oder Honigmelone (etwa 500 g)
2 EL Zitronensaft
2 TL Fruchtzucker
12 frische Minzeblätter
150 g Mascarpone
100 g Joghurt
1 Päckchen Bio-Bourbon-Vanille-Rohrohrzucker

1 Die Melone halbieren, entkernen und schälen. Das Fruchtfleisch erst in Spalten, dann quer in Scheiben schneiden. In einer Schüssel den Zitronensaft mit dem Fruchtzucker verquirlen. Die Minzeblätter bis auf zwei Blätter zum Garnieren in sehr feine Streifen schneiden, in die Marinade geben. Die Melonenstücke darin wenden und 10 Min. ziehen lassen.

2 Inzwischen Mascarpone mit Joghurt und Vanillezucker cremig rühren. Den durchgezogenen Melonensalat in vier Dessertschalen verteilen, Vanille-Mascarpone darauf anrichten und mit Minze garnieren.

Nährwerte pro Portion:
262 kcal | 3 g E | 19 g F | 19 g KH | 1 g BS

Tipp Kein Vanille-Rohrohrzucker zu bekommen? Dann verwenden Sie stattdessen das ausgekratzte Mark von ½ Vanilleschote und 2 TL Rohrohrzucker.

Birnen-Cranberry-Kompott

FÜR 4 PERSONEN

Zubereitung 20 Minuten
+ 1 Stunde Kühlen

2 EL gehackte Haselnüsse
200 g Cranberrys (frisch oder TK)
1 reife Birne (ca. 200 g)
125 ml Birnensaft, 1 Zimtstange
1 gestr. TL (2 g) pflanzliches Bindemittel (Reformhaus; s. Info S. 182)
2 EL Birnendicksaft
200 g Dickmilch
etwas Minze zum Garnieren

INFO Cranberries stärken das Immunsystem in jeder Form, egal, ob die Beeren roh, gekocht, getrocknet oder als Saft verzehrt werden.

1 Die Nüsse in einer Pfanne ohne Fett anrösten. Vom Herd nehmen. Frische Cranberries waschen, tiefgekühlte auftauen lassen. Die Birne waschen, vierteln, entkernen und schälen. Die Viertel quer in Stücke schneiden.

2 Den Birnensaft mit der Zimtstange aufkochen, die Birnen und die Cranberries zufügen und bei milder Hitze zugedeckt 2–3 Min. kochen lassen. Das Bindemittel einrühren und 1 Min. köcheln, bis das Kompott gebunden ist. Vom Herd nehmen, den Dicksaft einrühren und das Kompott 1 Std. abkühlen lassen.

3 Das Kompott in vier Schälchen füllen, die Dickmilch darauf verteilen und mit den gerösteten Haselnüssen bestreuen. Mit etwas Minze garnieren.

Nährwerte pro Portion:
123 kcal | 3 g E | 5 g F | 15 g KH | 2 g BS

Aprikosen-Quarkomelett

FÜR 4 PERSONEN

Zubereitung 20 Minuten
+ 15 Minuten Backen

250 g Aprikosen
2 Eier
150 g Speisequark
20 g Dinkelmehl (Type 1050)
2 EL gemahlene Mandeln
½ TL abgeriebene Schale von einer Bio-Zitrone
Salz
30 g Rohrohrzucker
Kakaopulver zum Bestäuben
Außerdem: Backpapier

1 Backofen auf 200° (Umluft 180°) vorheizen. Aprikosen waschen, halbieren, entsteinen und in Spalten schneiden. Die Eier trennen. Eigelbe mit Quark, Mehl, Mandeln und Zitronenschale glatt rühren. Die Eiweiße mit 1 Prise Salz steif schlagen, den Zucker nach und nach unterrühren. Ein Drittel des Eischnees mit der Quarkmasse gut verrühren. Den restlichen Eischnee vorsichtig unterheben.

2 Jeweils ein Viertel der Quarkmasse auf das Backblech geben und mit einem Löffel zu einem Kreis (Ø 12 cm) verstreichen. Die Aprikosenspalten darauf verteilen. Im Backofen (Mitte) 15 Min. backen. Die Omeletts mit einer Palette vorsichtig vom Backpapier ablösen. Mit Kakao fein bestäuben und servieren.

Nährwerte pro Portion:
209 kcal | 10 g E | 11 g F | 17 g KH | 2 g BS

VARIANTE Schmeckt auch mit Birnen fein!

Ingwer-Panna-cotta auf Papayapüree

FÜR 4 PERSONEN

Zubereitung 25 Minuten
+ mind. 5 Stunden Kühlen

3 Blätter weiße Gelatine
1 walnussgroßes Stück Ingwer
500 g Sahne
2 TL Rohrohrzucker
2 TL Fruchtzucker
abgeriebene Schale von ½ Bio-Limette
1 reife Papaya (ca. 250 g)
2 EL Limettensaft
2 EL gehackte Pistazien

1 Gelatine in kaltem Wasser einweichen. Ingwer schälen und fein reiben. Sahne, Ingwer, Rohr- und Fruchtzucker und die Limettenschale in einem Topf aufkochen und bei milder Hitze 5 Min. offen kochen lassen. Vom Herd ziehen. Die Gelatine ausdrücken und in der heißen Sahne auflösen. Diese in vier Förmchen (je etwa 150 ml Inhalt) gießen. Mindestens 5 Std., besser über Nacht kalt stellen.

2 Vor dem Servieren die Papaya halbieren und die Kerne herausschaben. Die Papaya schälen, zwei Drittel Fruchtfleisch würfeln und mit dem Limettensaft und 2–3 EL Wasser pürieren. Übrige Papaya in Spalten schneiden.

3 Die Förmchen kurz in heißes Wasser tauchen und die Panna cotta auf Teller stürzen. Mit Papayapüree und den Papayaspalten anrichten. Die Pistazien darüberstreuen.

Nährwerte pro Portion:
462 kcal | 6 g E | 42 g F | 11 g KH | 1 g BS

Schwarzwälder-Kirsch-Dessert

FÜR 4 PERSONEN

Zubereitung 20 Minuten
+ 30 Minuten Kühlen

300 g TK-Sauerkirschen (entsteint)
250 ml Kirsch-Muttersaft (Reformhaus)
2 gestr. TL (4 g) pflanzliches Bindemittel (Reformhaus; s. Info S. 182)
flüssiger Süßstoff nach Belieben
250 g Sahne
2 TL Rohrohrzucker
2 TL Fruchtzucker
2 EL Kirschgeist
50 g Bitterschokolade (mindestens 70 % Kakaoanteil)

1 Die Kirschen antauen lassen. Den Kirschsaft aufkochen, das Bindemittel einrühren und bei mittlerer Hitze 1 Min. kochen lassen, bis der Saft gebunden ist. Die Kirschen hineingeben und die Masse nach Belieben mit Süßstoff süßen. Vom Herd nehmen und 30 Min. abkühlen lassen.

2 Das Kirschkompott in vier Schalen verteilen. Die Sahne steif schlagen, dabei beide Zuckersorten einrieseln lassen. Mit dem Kirschgeist aromatisieren.

3 Die Sahne auf das Kirschkompott verteilen. Die Schokolade hacken und obenauf streuen.

Nährwerte pro Portion:
340 kcal | 3 g E | 25 g F | 21 g KH | 1 g BS

Tipp Abwechslung gefällig? Dann probieren Sie das Dessert doch mal mit Cranberries und Cranberry-Saft anstatt der Sauerkirschen!

Karambole-Tofu-Eis

FÜR 6 PERSONEN (ca. 600 ml)

Zubereitung 40 Minuten
+ 30 Minuten Gefrieren

2 Blatt weiße Gelatine
2 Karambolen (etwa 250 g)
250 g Seidentofu
½ TL gemahlene Vanille (Reformhaus)
1 EL Rohrohrzucker
1 EL Fruchtzucker
4 EL Zitronensaft
150 g Sahne
2–3 Zweige Zitronenmelisse
Außerdem: Eismaschine

1 Die Gelatine in kaltem Wasser einweichen. Karambolen waschen, von einer Frucht 6 dünne Scheiben abschneiden und beiseitelegen. Die übrigen Früchte klein schneiden. Seidentofu und Vanille hinzufügen und alles mit dem Mixstab gründlich pürieren. Den Zucker in die Mitte eines kleinen Topfs häufen, bei mittlerer Hitze unter Rühren leicht karamellisieren lassen. Mit Zitronensaft ablöschen und rühren, bis sich der Zucker aufgelöst hat.

2 Die Gelatine tropfnass in dem Sirup auflösen, Sirup in das Fruchtpüree rühren und 10–15 Min. kalt stellen. Die Sahne steif schlagen und unter das Püree heben. Die Masse in eine Eismaschine füllen und etwa 30–35 Min. gefrieren lassen. Eiskugeln mit einem Eisportionierer abstechen und in Schalen anrichten. Mit je 1 Karambolescheibe und 1–2 Zitronenmelisseblättern garnieren.

Nährwerte pro Portion:
150 kcal | 5 g E | 10 g F | 10 g KH | 1 g BS

Buttermilchsorbet mit Heidelbeeren

FÜR 4–6 PERSONEN (ca. 500 ml)

Zubereitung 25 Minuten + 30 Minuten Gefrieren

2 Blatt weiße Gelatine
1 Bio-Zitrone
20 g Fruchtzucker
20 g Rohrohrzucker
400 ml Buttermilch
200 g Heidelbeeren
1 EL Orangensaft
1 EL Ahornsirup
etwas Minze zum Garnieren
Außerdem: Eismaschine

1 Die Gelatine in kaltem Wasser einweichen. Die Zitrone heiß waschen und abtrocknen, die Schale fein abreiben, 2 EL Zitronensaft auspressen. Zitronenschale und -saft mit Frucht-, Rohrzucker und Buttermilch gut verrühren.

2 Gelatine tropfnass in einen kleinen Topf geben und bei schwacher Hitze unter Rühren auflösen. Mit dem Schneebesen unter die Buttermilchmasse rühren. Alles in eine Eismaschine füllen und in 30 Minuten fest werden lassen.

3 Inzwischen die Heidelbeeren waschen, verlesen, mit Orangensaft und Ahornsirup beträufelt ziehen lassen.

4 Zum Servieren mit einem feuchten Esslöffel vom Sorbet je 3 Nocken pro Portion ausstechen und mit den marinierten Heidelbeeren in einer Dessertschale anrichten. Mit Minze garnieren. Sofort servieren.

Nährwerte bei 6 Personen pro Portion:
72 kcal | 3 g E | 1 g F | 13 g KH | 2 g BS

Mohnsoufflé

FÜR 4 PERSONEN

Zubereitung 30 Minuten
+ 30 Minuten Backen

40 g gemahlener Mohn
3 Eier, 60 g weiche Butter
50 g Rohrohrzucker
1 EL gehackte Haselnüsse
½ TL abgeriebene Schale von einer Bio-Zitrone
2 EL Rum, Salz
1 gestr. TL (2 g) pflanzliches Bindemittel (Reformhaus; s. Info S. 182)
1 rosa Grapefruit, 2 blaue Feigen
Butter zum Einfetten
Rohrohrzucker zum Ausstreuen
Außerdem: 4 ofenfeste Förmchen (à 150 ml)

1 Mohn in einer Pfanne ohne Fett rösten, abkühlen lassen. Förmchen fetten und auszuckern. Backofen auf 180° vorheizen. Eier trennen. Butter und 40 g Zucker in 2–3 Min. cremig schlagen. Eigelbe unterrühren. Mohn, Nüsse, Zitronenschale und Rum unterheben. Eiweiße mit 1 Prise Salz steif schlagen, den übrigen Zucker einrieseln lassen. Eischnee und Bindemittel unter die Mohnmasse heben. Diese in die Förmchen füllen und in einem 2–3 cm tiefen heißen Wasserbad im Ofen (2. Schiene von unten, Umluft 160°) 25–30 Min. backen.

2 Inzwischen die Grapefruit samt der weißen Haut schälen, die Filets herausschneiden und 2 EL Saft auffangen. Feigen waschen, abtrocknen und in Spalten schneiden. Die Früchte und Grapefruitsaft vorsichtig mischen. Die Soufflés auf Teller stürzen. Mit den Früchten anrichten.

Nährwerte pro Portion:
373 kcal | 8 g E | 25 g F | 25 g KH | 4 g BS

Apfel-Zwetschgen-Gratin

FÜR 4 PERSONEN

Zubereitung 20 Minuten
+ 10 Minuten Backen

1 säuerlicher Apfel
200 g Zwetschgen
2 EL trockener Weißwein
2 Eier
1 EL Rohrohrzucker
100 g Magerquark
5 EL Sahne
½ TL Zimt
abgeriebene Schale von 1 Bio-Zitrone
2 TL Zitronensaft
2 EL Mandelblättchen

1 Den Backofen auf 250°C (Umluft 220°) vorheizen. Den Apfel vierteln, entkernen und schälen. Die Zwetschgen waschen, vierteln und entsteinen. Apfel in schmale Spalten schneiden. Apfelspalten und Zwetschgen abwechselnd in eine große Gratinform legen. Den Wein darüberträufeln.

2 Die Eier trennen. Die Eigelbe mit dem Zucker cremig schlagen. Quark und Sahne unterrühren und mit Zimt und etwas abgeriebener Zitronenschale würzen. Das Eiweiß mit dem Zitronensaft steif schlagen und vorsichtig unterheben. Den Quarkschaum auf den Früchten verteilen und mit den Mandelblättchen bestreuen. Im Ofen (Mitte) 10 Min. überbacken.

Nährwerte pro Portion:
184 kcal | 8 g E | 10 g F | 14 g KH | 2 g BS

Tipp Schmeckt auch sehr fein mit gemischten Sommerbeeren und frischen Aprikosen.

Orangen-Tiramisu

FÜR 4 PERSONEN

Zubereitung 35 Minuten + 15 Minuten Backen + 30 Minuten Kühlen

2 Eier, Salz, 1 EL Fruchtzucker
50 g gemahlene Mandeln
25 g gehackte Mandeln
½ TL gemahlene Vanille (Reformhaus)
2 Bio-Orangen
150 g Mascarpone
2 EL Rohrohrzucker
2 Eiweiße, 30 g Bitterschokolade (mind. 70 % Kakaoanteil)
4 EL kalter Espresso
2 EL Orangenlikör
Außerdem: eckige Backform (ca. 23 x 23 cm), Backpapier

1 Ofen auf 180° (Umluft 160°) vorheizen. Den Boden der Form mit Backpapier auslegen. Eier trennen. Eiweiße mit 1 Prise Salz steif schlagen. Eigelbe mit 1 EL warmem Wasser und Fruchtzucker aufschlagen. Mandeln, Vanille und Eischnee unterheben. Die Masse in die Form füllen, im Ofen (Mitte) 15–20 Min. backen. Auf ein Kuchengitter stürzen, Backpapier abziehen, den Biskuit abkühlen lassen.

2 Die Orangen heiß waschen, abtrocknen und die Schale fein abreiben. Mit Mascarpone und Rohrzucker verrühren. Eiweiße steif schlagen und unterheben. Orangen bis ins Fruchtfleisch schälen, in Scheiben schneiden, diese halbieren. Schokolade in Späne raspeln. Biskuit in Streifen (ca. 2 x 11 cm) schneiden und in die Form legen. Espresso und Likör verrühren, darüberträufeln. Die Creme daraufgeben. Mit Orangen belegen, mit Schokospänen garnieren.

Nährwerte pro Portion:
444 kcal | 12 g E | 34 g F | 22 g KH | 3 g BS

Schoko-Flammeri mit Vanillesauce

FÜR 4 PERSONEN

Zubereitung 40 Minuten
+ 3 Stunden Kühlen

Für den Flammeri:
100 g milde Bitterschokolade (mind. 70 % Kakaoanteil)
250 ml Milch, 100 ml Sahne
2 EL Mandelmus (Reformhaus)
2 EL Rohrrohrzucker
1/4 TL Zimt, gemahlene Nelken
1 TL Agar-Agar-Pulver
1 EL gehackte Mandeln

Für die Vanillesauce:
1 Vanilleschote
100 ml Milch, 100 ml Sahne
2 Eigelbe
1 EL Rohrzucker

1 Schokolade hacken. Mit Milch, Sahne, Mandelmus, Zucker, Zimt und 1 Prise Nelken in einem Topf unter Rühren zum Kochen bringen, bis die Schokolade geschmolzen ist. Vom Herd nehmen. Agar-Agar mit 5 EL Wasser glatt rühren, in die Milch geben und unter Rühren aufkochen. Bei milder Hitze 2 Minuten köcheln. Masse in vier Förmchen (je 150 ml Inhalt) gießen und 3 Std. kalt stellen.

2 Inzwischen für die Sauce die Vanilleschote längs aufschlitzen und das Mark herauskratzen. Milch, Sahne, Vanilleschote und -mark aufkochen. Vanilleschote entfernen. Eigelbe und Zucker cremig schlagen. Die heiße Sahne-Milch langsam unter Rühren dazugießen. Alles in den Topf geben, unter Rühren erhitzen, bis sie cremig ist. Abkühlen lassen. Den Flammeri aus den Förmchen stürzen. Mit Mandeln bestreuen und mit der Sauce servieren.

Nährwerte pro Portion:
483 kcal | 9 g E | 38 g F | 27 g KH | 2 g BS

Protein-Leinsamenbrot

FÜR 1 KASTENFORM (30 cm Länge, 1 Brot von ca. 1 kg bzw. 20 Scheiben à ca. 50 g)

Zubereitung 45 Minuten + 1 Stunde 25 Minuten Gehen + 1 Stunde Backen

100 g Leinsamen (geschrotet oder ganz)
200 g Dinkelvollkornmehl
100 g feine Dinkelkleie
100 g Roggenschrot
100 g feines Buchweizenmehl
1 Würfel Hefe (42 g)
½ TL Rohrohrzucker
380 ml lauwarme Buttermilch
2 EL Rapsöl
1 gehäufter TL Meersalz
1 ½ TL Brotgewürz-Mischung
Dinkelvollkornmehl zum Arbeiten
Fett für die Form

INFO Dinkel ist mit dem Weizen verwandt und lässt sich aufgrund seines hohen Klebergehalts sehr gut verbacken. Alternativ kann man auch Einkornweizen verwenden. Diese genetische Urform des heute kultivierten Weizens – mit einkörnigen Ährchen, daher der Name – ist zwar bei uns ein Exot im Getreidenanbau, erlebt aber inzwischen eine kleine Renaissance. Vor allem Bio-Betriebe haben das robuste Getreide wiederentdeckt. Einkorn zeichnet sich durch einen hohen Gehalt an Eiweiß (19 g pro 100 g), essenziellen Aminosäuren und Mineralstoffen aus. Sein feines, nussiges Aroma und sein hoher Gehalt an Beta-Carotinoiden, der dem Mehl aus Einkorn seine typische gelbliche Farbe verleiht, machen es zu einem wertvollen Getreide.

1 Die Leinsamen mit Dinkelmehl, Kleie, Roggenschrot und Buchweizenmehl in einer Schüssel mischen. In die Mitte eine Mulde drücken, die Hefe hineinbröckeln und mit dem Zucker, 5 EL Buttermilch und etwas Mehl vom Rand vermischen. An einem warmen Ort 10 Min. gehen lassen, bis die Hefe Blasen wirft.

2 Den Vorteig mit der übrigen Buttermilch, Öl, Salz und Brotgewürz untermengen und zu einem glatten Teig verkneten. Zugedeckt an einem warmen Ort 45 Min. gehen lassen.

3 Den Teig auf der bemehlten Arbeitsfläche nochmals kräftig durchkneten. Die Form einfetten und den Teig einfüllen. Die Oberfläche glatt streichen und mit Wasser bepinseln. Das Brot zugedeckt noch 30 Min. gehen lassen.

4 Den Backofen auf 200° vorheizen. Eine ofenfeste Schale mit kochend heißem Wasser hineinstellen. Das Brot im Ofen (2. Schiene von unten, Umluft 180°) in 60 Min. goldbraun backen. In der Form 5 Min. ruhen lassen, dann stürzen und auf einem Kuchengitter auskühlen lassen.

Nährwerte pro Scheibe (ca. 50 g)
117 kcal | 6 g E | 4 g F | 15 g KH | 5 g BS

Tipp Statt Leinsamen Hanfnüsse verwenden oder eine Mischung mit verschiedenen Ölsaaten unter den Teig kneten, z. B. aus grob gehackten Kürbiskernen, ungeschältem Sesam oder Leindottersamen. Leindotter ist eine alte heimische Kulturpflanze, die bereits die Kelten aufgrund ihrer heilsamen Wirkung schätzten und einen hohen Anteil an Omega-3-Fettsäuren aufweist.

Dinkel-Nuss-Brot

FÜR 1 LÄNGLICHEN LAIB von ca. 1 kg (25 Scheiben)

Zubereitung 25 Minuten
+ 1 Stunde 30 Minuten Gehen
+ 50 Minuten Backen

300 g Dinkelvollkornmehl
100 g Voll-Sojamehl (Reformhaus)
100 g mehlfein gemahlene Hirse
1 Würfel Hefe (42 g)
1 TL Rohrohrzucker
400 ml lauwarme Buttermilch
100 g gemahlene Mandeln
50 g gehackte Walnüsse
1 Ei, 2 TL Meersalz
4 EL gehackte Haselnüsse
Dinkelvollkornmehl zum Arbeiten
Buttermilch zum Bestreichen
Außerdem: Backpapier

1 Dinkel-, Soja- und Hirsemehl mischen. In die Mitte eine Mulde drücken, die Hefe hineinbröckeln und mit Zucker, 5 EL Buttermilch und etwas Mehl vom Rand verrühren. Den Vorteig an einem warmen Ort 15 Min. gehen lassen. Dann Mandeln, Walnüsse, Ei und das Salz dazugeben, alles mit dem Vorteig und der übrigen Buttermilch zu einem glatten Teig verkneten. 45 Min. gehen lassen.

2 Teig auf bemehlter Fläche durchkneten, einen Laib formen und diesen dreimal etwa ½ cm tief einschneiden. Mit Buttermilch bestreichen und mit Haselnüssen bestreuen, diese leicht andrücken. Das Brot auf ein mit Backpapier belegtes Blech legen und 30 Min. zugedeckt gehen lassen.

3 Den Backofen auf 200° vorheizen. Eine ofenfeste Form mit kochend heißem Wasser hineinstellen. Das Brot im Ofen (Mitte, Umluft 180°) 50 Min. backen.

Nährwerte pro Scheibe (ca. 40 g)
128 kcal | 6 g E | 6 g F | 12 g KH | 2 g BS

Mandel-Quark-Brötchen

FÜR 16 STÜCK à ca. 50 g

Zubereitung 30 Minuten
+ 30 Minuten Backen

300 g Magerquark
4 Eier
100 g gemahlene Mandeln
100 g geschälte ganze Mandeln
250 g Dinkelvollkornmehl
1 Päckchen Weinstein-Backpulver (Reformhaus)
1 TL Meersalz
2 TL Brotgewürz
1 Eigelb
1 EL Milch
1 EL gehackte Mandeln
Außerdem: Backpapier

1 Den Quark mit den Eiern glatt rühren. Die gemahlenen Mandeln mit den ganzen Mandeln, Mehl, Backpulver, Salz und Brotgewürz mischen, unter die Quarkmasse rühren und 10 Min. ruhen lassen.

2 Den Backofen auf 200° vorheizen. Ein Backblech mit Backpapier belegen. Aus dem Teig mit angefeuchteten Händen 16 kleine runde Brötchen formen und auf das Blech legen. Das Eigelb mit der Milch verrühren, die Brötchen damit bestreichen und mit den gehackten Mandeln bestreuen. Im Ofen (Mitte, Umluft 180°) 25–30 Min. backen.

Nährwerte pro Stück:
168 kcal | 9 g E | 9 g F | 12 g KH | 2 g BS

Tipp Die Brötchen können Sie gut auf Vorrat backen und abgekühlt portionsweise einfrieren. Bei Bedarf im Backofen bei 130° (Umluft 120°) 10 Min. aufbacken.

Pizza Salami mit Gemüse

FÜR 1 BACKBLECH

Zubereitung 55 Minuten inkl. Backen + 1 Stunde 10 Minuten Gehen

Für den Teig:
200 g gemahlene Mandeln
150 g Dinkelmehl (Type 1050)
50 g Kichererbsenmehl (Reformhaus), 2 TL Salz, 1 Würfel Hefe (42 g)
Rohrohrzucker
1 Ei, 100 g Sahnequark, 2 EL Öl

Für den Belag:
4 EL Tomatenmark, 3 EL Olivenöl
1 TL italienische Kräutermischung
200 g Kirschtomaten, 150 g kleine Champignons, 250 g Mozzarella
100 g Salami-Aufschnitt
Salz, Pfeffer, 10 Basilikumbläter

1 Mandeln, Mehle und Salz mischen. In eine Mulde in der Mitte die Hefe hineinbröckeln, mit 1 Prise Zucker und 6 EL lauwarmem Wasser verrühren. An einem warmen Ort 10 Min. gehen lassen. Ei, Quark und Öl zugeben, alles zu einem glatten Teig verkneten, diesen zugedeckt 1 Std. gehen lassen. Inzwischen das Tomatenmark, 2 EL Olivenöl, Kräuter und 3 EL Wasser verrühren. Tomaten waschen und halbieren. Die Pilze putzen, abreiben und feinblättrig schneiden. Mozzarella in Scheiben schneiden.

2 Backofen auf 220° (Umluft 200°) vorheizen. Das gefettete Blech mit dem Teig auskleiden. Tomatensauce daraufstreichen und mit Mozzarella, Salami, Pilzen und Tomaten belegen, salzen und pfeffern. Übriges Öl darüberträufeln. Im Ofen (2. Schiene von unten) 20 Min. backen. Basilikumblätter grob schneiden und über die Pizza streuen.

Nährwerte bei 20 Stücken pro Stück:
191 kcal | 8 g E | 14 g F | 8 g KH | 2 g BS

Speck-Gemüse-Quiche

FÜR 1 SPRINGFORM (26 cm Ø)

Zubereitung 45 Minuten + 1 Stunde Kühlen + 45 Minuten Backen

Für den Teig:
150 g Dinkelmehl (Type 1050)
100 g gemahlene Haselnüsse
1 Ei, 150 g kalte Butter, ½ TL Salz
Mehl zum Arbeiten, Fett für die Form

Für den Belag:
250 g Möhren
200 g Staudensellerie
1 zarte Stange Lauch (ca. 250 g)
100 g geräucherter Bauchspeck
1 EL Öl, Salz, schwarzer Pfeffer
frisch geriebene Muskatnuss
3 Eier, 200 g Sahne
100 g geriebener Gruyère

1 Mehl und Nüsse mischen. In eine Mulde in der Mitte das Ei hineingleiten lassen. Butter in Flöckchen am Rand verteilen, Salz und 2 EL kaltes Wasser zugeben. Alles rasch zu einem glatten Teig verkneten, 1 Std. kalt stellen. Inzwischen Möhren und Sellerie schälen, Lauch putzen und waschen, alles 1 cm klein würfeln. Speck klein würfeln, im Öl in einer großen Pfanne kross braten. Das Gemüse 7 Minuten mitdünsten. Mit Salz, Pfeffer und Muskat würzen.

2 Ofen auf 200° vorheizen. Den Teig auf etwas Mehl rund ausrollen, die gefettete Form damit auskleiden, einen 3 cm hohen Rand formen. Boden mehrmals einstechen, 12–15 Min. (2. Schiene von unten, Umluft 180°) vorbacken. Das Gemüse auf dem Boden verteilen. Eier, Sahne und Käse verrühren, salzen und pfeffern. Darübergießen. Die Quiche (2. Schiene von unten) 25–30 Min. backen.

Nährwerte bei 12 Stücken pro Stück:
380 kcal | 9 g E | 33 g F | 12 g KH | 2 g BS

Käsestangen mit Mohn und Erdnüssen

FÜR 40 STÜCK

Zubereitung 25 Minuten + 30 Minuten Kühlen + 2 x je 10 Minuten Backen

150 g Dinkelmehl (Type 1050)
150 g Emmentaler, frisch gerieben
150 g kalte Butter
Salz, Cayennepfeffer
1 Eigelb, 2 EL Sahne
2 EL Mohn
50 g Erdnusskerne, gehackt
Dinkelmehl zum Arbeiten
Außerdem: Teigrädchen, Backpapier

Tipp Die Käsestangen bleiben in einer Dose und kühl aufbewahrt etwa 14 Tage frisch.

1 Mehl und Käse mischen, auf die Arbeitsfläche häufen. Die Butter in Flocken auf den Rand setzen, 2 EL Wasser, Salz und Cayennepfeffer dazugeben. Alles mit einem großen Messer durchhacken und rasch zu einem glatten Teig verkneten. In zwei Portionen, in Folie gewickelt für 30 Minuten in den Kühlschrank legen.

2 Ofen auf 200° (Umluft 180°) vorheizen. Eine Portion Teig auf der bemehlten Arbeitsfläche 5 mm dünn ausrollen, mit einem Teigrädchen Stücke von je 2 x 8 cm Größe ausschneiden, auf ein mit Backpapier belegtes Blech legen.

3 Eigelb und Sahne verquirlen, die Stangen einpinseln, je zur Hälfte mit Mohn und Erdnüssen bestreuen. Im Ofen (Mitte) in 8–10 Min. goldgelb backen. Auf dem Blech auskühlen lassen. Die zweite Portion genauso verarbeiten.

Nährwerte pro Stück:
69 kcal | 2 g E | 6 g F | 3 g KH | 0 g BS

Gorgonzola-Scones

FÜR 20 STÜCK

Zubereitung 30 Minuten + 15 Minuten Backen

50 g getrocknete Tomaten
150 g Gorgonzola
5 EL Rapsöl
6 EL Milch
1 Ei und 1 Eigelb
1 TL Salz
1 EL gehackter Thymian
1 EL gehackte Petersilie
2 EL geschroteter Leinsamen
170 g Dinkelmehl (Type 1050)
2 TL Weinstein-Backpulver
Dinkelmehl zum Arbeiten
Außerdem: Backpapier, Ringausstecher (Ø 5 cm)

1 Die Tomaten klein würfeln. Gorgonzola entrinden, grob würfeln und mit dem Öl, 4 EL Milch, 1 Ei und dem Salz glatt rühren. Thymian, Petersilie, Tomaten und Leinsamen dazugeben. Das Mehl mit dem Backpulver vermischen, hinzufügen und alles zu einem glatten Teig verkneten.

2 Backofen auf 200° (Umluft 180°) vorheizen. Den Teig auf der bemehlten Arbeitsfläche 2–2,5 cm dick ausrollen. Die Scones mit dem Ringausstecher ausstechen und auf ein mit Backpapier belegtes Blech setzen. Die Teigreste verkneten und ebenso verarbeiten. Das Eigelb mit der übrigen Milch verquirlen, die Scones damit bestreichen und im Ofen (2. Schiene von unten) 15 Min. backen.

Nährwerte pro Stück:
96 kcal | 4 g E | 6 g F | 6 g KH | 0 g BS

Heidelbeer-Nuss-Muffins

FÜR 12 STÜCK

Zubereitung 15 Minuten
+ 25 Minuten Backen

100 g Dinkelmehl (Type 1050)
100 g gemahlene Haselnusse
2 TL Weinstein-Backpulver
50 g Sojaflocken (Reformhaus)
250 g Heidelbeeren (frisch oder TK)
1 Ei
½ TL gemahlene Vanille (Reformhaus)
3 EL Rohrohrzucker
100 ml Rapsöl
200 ml Buttermilch
Fett oder Papiermanschetten für die Muffinsform

1 Den Backofen auf 180° (Umluft 160°) vorheizen. Die Mulden eines Muffinsblechs einfetten oder mit Papiermanschetten auslegen.

2 Das Mehl mit Nüssen, Backpulver und Sojaflocken mischen. Frische Heidelbeeren kurz abbrausen und verlesen, tiefgekühlte Beeren antauen lassen. Das Ei mit Vanillepulver, Zucker, Öl und Buttermilch glatt rühren. Die Mehlmischung unterrühren und die Heidelbeeren unterheben.

3 Die Muffinsmulden zu zwei Dritteln mit Teig füllen. Muffins im Ofen (Mitte) in 20–25 Min. goldbraun backen.

Nährwerte pro Stück:
214 kcal | 5 g E | 16 g F | 12 g KH | 2 g BS

VARIANTE 200 g Möhren grob raspeln. Den Teig statt mit Vanille mit 1 TL Bio-Zitronenschale würzen. Möhrenraspel unter den Teig mischen und weiter wie im Rezept.

Apfel-Quark-Taschen

FÜR 12 STÜCK

Zubereitung 30 Minuten
+ 30 Minuten Backen

2–3 säuerliche Äpfel (ca. 400 g)
1 EL Butter
1 EL Apfeldicksaft
150 g Magerquark
6 EL Rapsöl
1 Ei, 4 EL Milch
40 g Rohrohrzucker
250 g Dinkelmehl (Type 1050)
50 g Kokosmehl
1 Päckchen Weinstein-Backpulver
Dinkelvollkornmehl zum Ausrollen
Außerdem: Backpapier, Ringausstecher (Ø 10 cm)

1 Die Äpfel vierteln, entkernen, schälen und in dünne Scheiben schneiden. Die Butter in einem Topf zerlassen und die Äpfel darin 3–4 Min. andünsten. Vom Herd nehmen, den Apfeldicksaft unterrühren und abkühlen lassen.

2 Den Backofen auf 200° vorheizen. Für den Teig Quark, Öl, Ei, Milch und Zucker verrühren. Dinkel- und Kokosmehl mit dem Backpulver vermischen und mit den übrigen Zutaten rasch zu einem glatten Teig verarbeiten. Den Teig auf bemehlter Arbeitsfläche etwa 1 cm dick ausrollen.

3 Mit dem Ausstecher Kreise ausstechen und mit den Äpfeln belegen. Die Teigränder mit Wasser bestreichen, den Teig jeweils zusammenklappen, die Ränder mit einer Gabel fest andrücken. Die Apfeltaschen auf ein mit Backpapier belegtes Blech legen und im Backofen (Mitte, Umluft 180°) 25–30 Min. backen.

Nährwerte pro Stück:
183 kcal | 6 g E | 8 g F | 21 g KH | 0 g BS

Cottage Cheese Cake

FÜR 1 SPRINGFORM (26 cm Ø)

Zubereitung 30 Minuten
+ 1 Stunde Backen

150 g Pekannüsse
50 g geschälte gemahlene Mandeln
2 Eiweiße
4 Eier
75 g Rohrohrzucker
400 g körniger Frischkäse
400 g Magerquark
2 EL Kokosmehl (Reformhaus)
Saft und Schale von 1 Bio-Zitrone
Fett oder Backpapier für die Form

1 Die Pekannüsse fein reiben, mit Mandeln und Eiweißen mischen. Die Nussmasse mit angefeuchteten Händen in eine gefettete oder mit Backpapier ausgelegte Springform drücken, dabei einen kleinen Rand formen. Die Form 30 Min. in den Kühlschrank stellen. Den Backofen auf 180° vorheizen.

2 Inzwischen die Eier trennen. Eigelbe und Zucker dickcremig schlagen. Frischkäse, Quark und Kokosmehl unterrühren. Zitronenschale und 2 EL Zitronensaft unter die Käsemasse rühren. Eiweiße steif schlagen und unterheben.

3 Die Mischung auf dem Nussboden verteilen und glatt streichen. Im Ofen (2. Schiene von unten, Umluft 160°) 50–60 Min. backen. Den Kuchen etwas abkühlen lassen, dann aus der Form lösen und vollständig erkalten lassen.

Nährwerte bei 12 Stücken pro Stück:
249 kcal | 15 g E | 17 g F | 9 g KH | 2 g BS

Mallorquinischer Mandelkuchen

FÜR 1 SPRINGFORM (26 cm Ø)

Zubereitung 30 Minuten
+ 50 Minuten Backen

6 Eier
50 g Fruchtzucker
50 g Rohrohrzucker
200 g gemahlene Mandeln
1 Vanilleschote
je ½ TL abgeriebene Bio-Zitronenschale und Bio-Orangenschale
1 TL gemahlener Zimt
Salz
2 gestr. TL (4 g) pflanzliches Bindemittel (Reformhaus; s. Info S. 182)
Außerdem: Backpapier

1 Backofen auf 180° vorheizen. Den Springformboden mit Backpapier auslegen. Eier trennen. Eigelbe mit 3 EL warmem Wasser, dem Frucht- und Rohrzucker cremig rühren. Mandeln untermischen. Vanilleschote aufschneiden und das Mark herausschaben. Mit Zitronen- und Orangenschale und Zimt unter die Eigelbcreme mischen.

2 Die Eiweiße mit 1 Prise Salz und dem Bindemittel zu steifem Schnee schlagen. Zwei Drittel des Eischnees unter die Mandelmasse rühren, den Rest mit einem Kochlöffel unterheben. Den Teig in die Form füllen und 45–50 Min. (2. Schiene von unten, Umluft 160°) backen. Kuchen etwas abkühlen lassen, aus der Form lösen und erkalten lassen.

Nährwerte bei 12 Stücken pro Stück:
171 kcal | 6 g E | 12 g F | 9 g KH | 2 g BS

Tipp Dazu schmeckt halb steif geschlagene Sahne mit gemahlener Vanille oder Sahnejoghurt.

Pastinaken-Schokoladenkuchen

FÜR 1 KASTENFORM
(30 cm Länge)

Zubereitung 30 Minuten
+ 1 Stunde Backen

6 Eier, 50 ml Birnendicksaft (Reformhaus), 50 g Rohrohrzucker
je ½ TL gemahlener Zimt und gemahlene Vanille (Reformhaus)
250 g Pastinaken, 300 g gemahlene Mandeln, 3 EL Kirschwasser
100 g Bitterschokolade (mind. 70 % Kakaoanteil)
80 g Dinkelmehl (Type 1050)
1 TL Weinstein-Backpulver
25 g Kakaopulver (stark entölt)
Salz, 2 EL gehackte Mandeln
Fett für die Form

1 Backofen auf 180° vorheizen. Die Eier trennen. Eigelbe, Birnendicksaft, Rohrzucker, Zimt und Vanillepulver cremig rühren. Die Pastinaken putzen, schälen und fein raspeln. Mit den gemahlenen Mandeln und dem Kirschwasser unter die Eigelbmasse rühren. Die Schokolade hacken, mit Mehl, Backpulver und Kakao mischen, unterheben.

2 Das Eiweiß mit 1 Prise Salz steif schlagen und unter die Masse ziehen. Die Form einfetten, den Teig hineinfüllen. Mit den gehackten Mandeln bestreuen. Im Ofen (2. Schiene von unten, Umluft 160°) 50–60 Minuten backen. Den Kuchen auf einem Kuchengitter etwas abkühlen lassen, aus der Form stürzen und vollständig abkühlen lassen.

Nährwerte bei 16 Stücken pro Stück:
235 kcal | 8 g E | 17 g F | 13 g KH | 4 g BS

Tipp Den Kuchen ruhig 1–2 Tage in Alufolie gewickelt aufbewahren, damit er schön saftig wird.

Apfel-Kokos-Schnitten

FÜR 1 BACKBLECH

Zubereitung 45 Minuten
+ 25 Minuten Backen

1 kg säuerliche Äpfel, 2 EL Zitronensaft, 100 g Brombeeren
4 Eier, Salz
2 EL Agavendicksaft (Reformhaus)
2 EL Fruchtzucker, 100 g Butter
100 g Erdmandelflocken
100 g + 2 EL Kokosraspel
100 g gemahlene Haselnüsse
100 g Dinkelmehl (Type 1050)
2 TL Weinstein-Backpulver
2 gestr. TL (4 g) pflanzliches Bindemittel (Reformhaus; s. Info S. 182)
Fett für das Blech

1 Äpfel vierteln, entkernen, schälen und in feine Spalten schneiden, sofort mit dem Zitronensaft beträufeln. Die Brombeeren verlesen, tiefgekühlte antauen lassen. Ofen auf 180° (Umluft 160°) vorheizen. Ein Blech einfetten.

2 Eier trennen. Eiweiße mit 1 Prise Salz steif schlagen. Eigelbe mit Dicksaft und Fruchtzucker dickcremig rühren. Butter leicht erwärmen und unterrühren. Erdmandelflocken, 100 g Kokosraspel, Haselnüsse, Dinkelmehl, Backpulver und Bindemittel mischen und unterziehen. Den Eischnee unterheben.

3 Den Teig auf das Blech streichen, mit den Apfelspalten belegen und die Brombeeren darauf verteilen. Den Kuchen im Ofen (2. Schiene von unten) 20–25 Min. backen. 10 Min. vor Ende der Backzeit 2 EL Kokosraspel aufstreuen.

Nährwerte bei 24 Stücken pro Stück:
159 kcal | 3 g E | 11 g F | 11 g KH | 3 g BS

Mohn-Himbeer-Sahne-Torte

FÜR 1 SPRINGFORM (26 cm Ø)

Zubereitung 1 Stunde + 20 Minuten Backen
+ mind. 5 Stunden Kühlen

Für den Teig:
4 Eier
Salz
4 EL Agavendicksaft
50 g gemahlener Mohn
50 g Buchweizenmehl
1 ½ gestr. TL (3 g) pflanzliches Bindemittel (Reformhaus; s. Info)
Für die Füllung und Garnitur:
6 Blatt weiße Gelatine
500 g Magerquark
2 EL Limettensaft
abgeriebene Schale von 1 Bio-Limette
½ TL gemahlene Vanille (Reformhaus)
flüssiger Süßstoff (nach Belieben)
3 EL gehackte Pistazien
400 g Himbeeren (frisch oder aufgetaut)
500 g Sahne
Außerdem: Backpapier

INFO Pflanzliches Bindemittel ist im Naturkostladen als Johannisbrotkernmehl, im Reformhaus unter dem Namen Biobin erhältlich: Das aus den Früchten des Johannisbrotbaumes gewonnene Bindemittel eignet sich prima als Alternative zu Mehl, Stärke oder Eigelb. Es bindet Suppen, Saucen, Dressings, Desserts und Süßspeisen. Seine Vorzüge: Es enthält kaum Kalorien, ist geschmacksneutral, und die Speisen müssen, damit sie binden, nicht nochmals aufgekocht werden.

1 Den Backofen auf 180° (Umluft 160°) vorheizen. Den Springformboden mit Backpapier auslegen. Die Eier trennen. Die Eiweiße mit 1 Prise Salz steif schlagen. Die Eigelbe mit dem Agavendicksaft cremig schlagen. Mohn, Buchweizen- und Johannisbrotkernmehl mischen und mit dem Eischnee locker unter die Eigelbcreme heben. Den Teig in die Form füllen, glatt streichen und im heißen Ofen (Mitte) 20 Min. backen. Den Biskuit aus dem Ofen nehmen, 10 Min. abkühlen lassen, dann den Springformrand entfernen und den Kuchen auskühlen lassen.

2 Inzwischen die Gelatine in kaltem Wasser einweichen. Den Quark mit Limettensaft und -schale cremig verrühren. Vanillepulver, Süßstoff nach Belieben und 1 EL Pistazien unterrühren. Die Gelatine tropfnass in einen kleinen Topf geben und bei milder Hitze unter Rühren auflösen. Unter die Quarkmischung rühren und 20 Min. kalt stellen.

3 Den Biskuitboden einmal quer durchschneiden. Den unteren Boden auf eine Tortenplatte legen, den Springformrand drumherum legen.

4 Die Himbeeren verlesen, nur wenn nötig abbrausen. 400 g Sahne steif schlagen und locker unter die Quarkmasse ziehen. Die Himbeeren bis auf 12 Stück unter den Quark heben. Die Quarksahne auf den unteren Tortenboden geben und glatt streichen, den zweiten Boden daraufsetzen und 5 Std., besser über Nacht, kalt stellen.

5 Zum Servieren die übrige Sahne steif schlagen. Die Torte mit Sahnetupfern und den restlichen Himbeeren verzieren. Den Rand mit den übrigen Pistazien garnieren.

Nährwerte bei 12 Stücken pro Stück:
297 kcal | 12 g E | 18 g F | 20 g KH | 1 g BS

SACHREGISTER

REZEPTREGISTER

P/Q

R

S

T

V/W/Z

BÜCHER, DIE WEITERHELFEN

Fachliteratur und Studien

Nestlé Studie 2009:
So is(s)t Deutschland – Ein Spiegel der Gesellschaft.
Matthaes, Stuttgart, 2009

Biesalski, H.-K. et al.:
Ernährungsmedizin.
Thieme, Stuttgart, 2004

Elmadfa, I.; Leitzmann, C.:
Ernährung des Menschen.
Ulmer, Stuttgart 2004

Schauder, P.; Ollenschläger G.: Ernährungsmedizin.
Elsevier, München, 2006

Thorbrietz, P.; Maar, Ch.:
Gesundheit aus dem Darm.
Zabert Sandmann, München, 2003

Integrative Discovery of Epigenetically Derepressed Cancer Testis Antigens in NSCLC
PLoS ONE, Dec 2009 4(12): e8189

Coordinated activation of candidate proto-oncogenes and cancer testes antigens via promoter demethylation in head and neck cancer and lung cancer
PLoS One, Jan 2009; 4(3): e4961

Abnormalities in Glucose Uptake and Metabolism in Imatinib-Resistant Human BCR-ABL–Positive Cells
Clin. Cancer Res., May 2009; 15: 3442-3450

Bücher aus dem GRÄFE UND UNZER VERLAG

Coy, Dr. rer. nat. J.; Franz, M.:
Die neue Anti-Krebs-Ernährung.
Gräfe und Unzer, München, 2009

Pape, Dr. med. D.; Schwarz, Dr. med. R.; Trunz-Carlisi, E.; Gillessen, H.:
Schlank im Schlaf.
Gräfe und Unzer, München, 2007

Vormann, Prof. Dr. J.:
Säure-Basen-Balance.
Gräfe und Unzer, München, 2008

ADRESSEN, DIE WEITERHELFEN

Kliniken

BioMed Fachklinik für Onkologie, Immunologie und Hyperthermie
Tischberger Straße 5+8
D-76887 Bad Bergzabern
www.biomedklinik.de

Paracelsus Klinik Lustmühle Ag
Postfach 94
Ch-9052 Niederteufen
www.paracelsus.ch/paracelsus

Arzte und Therapeuten, die mit dem Dr.-Coy-Prinzip vertraut sind

Institut OncoLight – Hamburg
Dr. med. W.-P. Brockmann
Beim Strohhause 34
D-20097 Hamburg
www.oncolight.de

Prof. Dr. Med. Rainer Klapdor
Rothenbaumchaussee 5
D-20148 Hamburg

Dr. med Joachim Loesdau
Cramer Str. 177
D-27749 Delmenhorst

Gemeinschaftspraxis Dres. Med. Gerd und Bernd Belles
Am Sauerborn 28
D-54317 Gusterath
Dr. med. Thomas Giesen
Hauptstr. 75 a
D-57481 Wenden
www.dr-giesen.com

Dr. med. Michael Krahl
Bessunger Str. 79
D-64285 Darmstadt

Juvital Medical Center
Bahnhofstr. 39
D-65185 Wiesbaden
www.juvital.de

Fr. Ottermann-Eakin Urologische Praxis
Wilhelmstraße 6
D-65185 Wiedbaden
www.prostatakrebs-prävention.de

Institut für gynäkologische Onkologie
Prof. Dr. med. Ingo J. Diel
P 7, 16-18
D-68161 Mannheim
www.ggg-mannheim.de

Dr med. Markus Pfisterer
Nordstr. 28
D-74076 Heilbronn
www.drpfisterer.de

Dirk Ahnert, HP
Bahnhofplatz 1
74321 Bietigheim-Bissingen

Dr. med. Christoph Horn
Tägermoosstr. 1
D-78462 Konstanz
www.arztpraxis-horn.de
Dr. med. Reinhard Probst
Auenstr. 4
D-80469 München
www.praxisprobst.de

GaReMed Naturheilpraxis Pimeshofer
Bahnhofstr. 5
D-83435 Bad Reichenhall
www.garemed.de

Dr. med. Hedwig Obermayer
Bayernstr. 11
D-90765 Fürth

Dr. Ulrich Strunz
Allersberger Straße 54
D-91154 Roth
www.drstrunz.de

Mag. Dr. Herbert Untner
Adolf-Schwayergasse 3/2
A-2170 Poysdorf
www.infomed-wien.at

Internetadressen

www.coy-prinzip.de

www.entspannungs-verfahren.com

www.evomed.com
Ganzheitliche onkologische Diagnostik- und Therapiekonzepte

www.fet-ev.eu
Fachgesellschaft für Ernährungstherapie und Prävention (FET) e. V. zur unabhängigen Patienteninformation

www.gsk-onkologie.de

www.johannescoy.de

www.tavarlin.de
Tel.: 06151/950 55 50
Informationen zur Firma TAVARLIN AG, die Produkte zur Umsetzung des Dr.-Coy-Prinzips entwickelt und vertreibt

www.tktl1.eu
Informationen zu TKTL1 und wissenschaftlichen Studien

DANK
Einen herzlichen Dank an Anna Cavelius und Claudia Lenz für ihren Einsatz und ihre professionelle Mitarbeit an diesem Buch.

IMPRESSUM

Projektmanagement: Stefanie Poziombka
Texte: Anna Cavelius, Schondorf
Lektorat: Claudia Lenz, Gudrun Mach
Korrektorat: Waldtraud Schmidt
Layout und Umschlag: independent Medien-Design, Horst Moser, München
Herstellung: Petra Roth
Satz: Christopher Hammond
Repro: Longo AG, Bozen
Druck und Bindung: Druckhaus Kaufmann, Lahr

ISBN 978-3-8338-2082-3

Die GU-Homepage finden Sie im Internet unter www.gu.de

Umwelthinweis

Dieses Buch wurde auf chlorfrei gebleichtem Papier gedruckt. Um Rohstoffe zu sparen, haben wir auf die Folienpackung verzichtet.

GRÄFE UND UNZER

Ein Unternehmen der
GANSKE VERLAGSGRUPPE

Der Fotograf

Jörn Rynio arbeitet als Fotograf in Hamburg. Zu seinen Auftraggebern gehören nationale und internationale Zeitschriften, Buchverlage und Werbeagenturen. Aus seinem Studio stammen alle Fotos in diesem Band. Unterstützt wurde er dabei von der Stylistin Michaela Suchy und den Foodstylisten Petra Speckmann, Antje Küthe und Reiner Meidinger.

Bildnachweis

Alle Bilder Jörn Rynio, Hamburg

Syndication

www.jalag-syndication.de

Wichtiger Hinweis

Die Gedanken, Methoden und Anregungen in diesem Buch wurden nach bestem Wissen erstellt und mit größtmöglicher Sorgfalt überprüft. Sie bieten jedoch keinen Ersatz für kompetenten medizinischen Rat. Jede Leserin, jeder Leser sollte für das eigene Tun und Lassen auch weiterhin selbst verantwortlich sein. Weder Autoren noch Verlag können für eventuelle Nachteile oder Schäden, die aus den im Buch gegebenen praktischen Hinweisen resultieren, eine Haftung übernehmen.

DAS ORIGINAL GU MIT GARANTIE

Unsere Garantie

Alle Informationen in diesem Ratgeber sind sorgfältig und gewissenhaft geprüft. Sollte dennoch einmal ein Fehler enthalten sein, schicken Sie uns das Buch mit dem entsprechenden Hinweis an unseren Leserservice zurück. Wir tauschen Ihnen den GU-Ratgeber gegen einen anderen zum gleichen oder ähnlichen Thema um.

Liebe Leserin und lieber Leser,

wir freuen uns, dass Sie sich für ein GU-Buch entschieden haben. Mit Ihrem Kauf setzen Sie auf die Qualität, Kompetenz und Aktualität unserer Ratgeber. Dafür sagen wir Danke! Wir wollen als führender Ratgeberverlag noch besser werden. Daher ist uns Ihre Meinung wichtig. Bitte senden Sie uns Ihre Anregungen, Ihre Kritik oder Ihr Lob zu unseren Büchern. Haben Sie Fragen oder benötigen Sie weiteren Rat zum Thema? Wir freuen uns auf Ihre Nachricht!

Wir sind für Sie da!
Montag – Donnerstag: 8.00 – 18.00 Uhr;
Freitag: 8.00 – 16.00 Uhr
Tel.: 0180-5005054*
Fax: 0180-5012054*
E-Mail: leserservice@graefe-und-unzer.de
*(0,14 €/Min. aus dem dt. Festnetz/ Mobilfunkpreise maximal 0,42 €/Min.)

P.S.: Wollen Sie noch mehr Aktuelles von GU wissen, dann abonnieren Sie doch unseren kostenlosen GU-Online-Newsletter und/oder unsere kostenlosen Kundenmagazine.

GRÄFE UND UNZER VERLAG
Leserservice
Postfach 86 03 13
81630 München